Im Schulalltag kommt es immer wieder vor, dass du dich über jemanden ärgerst. Interessengegensätze, Meinungsverschiedenheiten und Missverständnisse führen zu Spannungen und Streit. Mit solchen Konflikten kannst du sehr unterschiedlich umgehen. Indem du darauf achtest, **wie** du mit deinem Ärger und Unmut umgehst, kannst du dazu beitragen, dass Konflikte nicht eskalieren.

1 a) Unterstreiche die Sätze grün, die dir in einer Konfliktsituation helfen können!

b) Überlege, welche Äußerungen bzw. Gedanken dir in einer Konfliktsituation nicht weiterhelfen. Begründe!

Gewalt ist keine Lösung!

Dein Verhalten ist für mich unerträglich!

Du bist doof!

Wenn du mich weiter nervst, dann bekommst du eine verpasst!

Ich lasse mich nicht provozieren!

Du hast heute einen schlechten Tag!

Ich höre mir erst einmal die Gegenseite an!

Ich schaue einfach nicht hin!

Das hab ich auch schon einmal erlebt!

Du wirst schon sehen, was du davon hast!

O.K. Ich gebe nach!

Streiten gehört zum Leben dazu!

Das vergesse ich dir nie!

Bei Unstimmigkeiten sollte es gerecht zugehen!

2) Beschreibe einen Konflikt, den du in letzter Zeit erlebt hast.
Überlege, wie man den Konflikt entschärfen kann.
Spiele den Konflikt mit einem Partner nach.

Persen
Bd. 340. Erik Dinges/Heinz-Lothar Worm: Sozialkunde

1 a) Füge die fehlenden Satzteile ein!

Töchter dürfen bei ihrer Mutter – ihre Söhne alle nicht bei sich – die Frau des Ritters – was später ein Ritter können muss – auf die Burg seines Freundes – wohnen auf anderen Ritterburgen – wo ich Schreiben und Lesen lerne.

b) Wie unterscheidet sich dein Leben von dem eines angehenden Ritters?

Auf der Ritterburg

Ich heiße Arnulf, bin sieben Jahre alt und wohne auf einer Ritterburg. Nein, nicht bei meinen Eltern. Vor Kurzem hat mein Vater mich hierher, ______________________________, gebracht. Jetzt bin ich erst einmal Page. Ich bediene hier meine Herrin, ______________________________. Wenn ich 14 Jahre alt bin, werde ich Knappe. Dann lerne ich alles, ______________________________ ______________: Reiten, Jagen und im Turnier kämpfen. Mit 21 Jahren bekomme ich dann den Ritterschlag. Dann bin ich ein richtiger Ritter. Ihr wollt wissen, ______________________________ ______________? Lächerlich! Wozu denn so etwas? Ein Ritter muss ein tüchtiger Krieger sein. Das ist viel wichtiger als Schreiben und Lesen. Ihr wollt wissen, warum ich nicht bei meinen Eltern wohne? Bei uns Rittern ist das so: Sie behalten ______________________________ zu Hause. Da würden sie nur verzärtelt und verwöhnt. Die Söhne meines Herrn ______________ ______________________ hier in der Nähe. Nur die ______________________________ bleiben. Da lernen sie Weben, Nähen und auch Sticken.

2 a) In diesem Text ist jedes n durch ein #, jedes r durch ein + und jedes s durch ein * ersetzt worden. Schreibe die Sätze richtig in dein Heft.

b) Sprecht über den Text! Wie wohnt der Junge? Was lernt er? Kann er entscheiden, welchen Beruf er ausüben möchte?

I# ei#e+ mittelalte+liche# *tadt

Ich heiße Ku#o u#d bi# *iebe# Jah+e alt. Ich woh#e i# ei#e+ *tadt, die mit ei#e+ hohe# *tadtmaue+ umgebe# i*t. Mei# Vate+ i*t *chuhmache+mei*te+. I# u#*e+em Hau* lebe# mei#e fü#f Ge*chwi*te+, mei#e Elte+#, G+oßelte+#, Ve+wa#dte# u#d die *chuhmache+ge*elle#. Im E+dge*cho** befi#det *ich die *chuhmache+we+k*tatt, wo de# ga#ze# Tag übe+ fleißig gea+beitet wi+d. U#te# i# de+ We+k*tatt i*t auch de+ He+d, auf dem mei#e Mutte+ mit de# F+aue# de* Hau*e* da* E**e# zube+eitet. Obe# *i#d die *chlaf+äume. Auf dem Dachbode# bewah+e# wi+ da* Heu u#d da* *t+oh fü+ u#*e+e Ziege# auf. Die Ziege# woh#e# zu*amme# mit de# *chwei#e# im Kelle+gewölbe. D+auße# vo+ de+ *tadt habe# wi+ ei#ige Äcke+ u#d Gä+te#.

Jetzt bi# ich alt ge#ug, um i# de+ We+k*tatt zu helfe#. Ich le+#e alle* übe+ die *chuhmache+ei, wa* ich *päte+ wi**e# mu**. #ach de+ Leh+e gehe ich ei#ige Jah+e la#g al* Wa#de+bu+*che i# ve+*chiede#e f+emde *tädte u#d a+beite al* *chuhmache+ge*elle. Mei#e *chwe*te+# bleibe# im Elte+#hau*, bi* *ie hei+ate#.

Ob ich *ch+eibe# u#d Le*e# le+#e? Da* i*t doch völlig u##ötig. Büche+ gibt e* ja doch #u+ i# de+ Ki+che. E* +eicht au*, we## de+ Pfa++e+ da+i# le*e# ka##.

Auf einem Bauernhof

Eigentlich heiße ich Margarethe, aber alle rufen mich „Gretchen". Ich wohne auf einem Bauernhof und habe acht Geschwister. Ich bin jetzt zwölf Jahre alt. So lange ich mich entsinnen kann, habe ich auf dem Hof mitgearbeitet. Unkraut im Garten oder auf den Feldern ausrupfen, Hühner füttern und Eier suchen, kleinere Geschwister versorgen, die Gänse auf die Wiese treiben und bewachen, später beim Kochen und auf dem Feld bei der Arbeit helfen: Das alles gehört zu den Arbeiten, die wir Bauernkinder verrichten, sobald wir dazu fähig sind.
Auf unserem Hof leben viele Menschen. Da sind außer meinen Eltern und Geschwistern meine Großeltern, viele Knechte und Mägde, zwei unverheiratete Schwestern meines Vaters und sogar zwei Brüder meines Großvaters, aber die sind schon alt. Jeder hilft hier noch mit, so gut er kann. Als eine alte Tante meines Vaters krank geworden war und nicht mehr aufstehen konnte, haben wir sie abwechselnd gefüttert und gewaschen. Wenn die Erntezeit kommt, dann wird jede Hand gebraucht. Auch wenn wir im Winter schlachten, muss jeder helfen. Zum Glück haben wir fast immer etwas zu essen. Nur wenn es einen trockenen Sommer gibt und auf den Feldern nichts wächst, müssen wir Not leiden. Wenn ich erwachsen bin, heirate ich vielleicht. Sollte ich keinen Mann finden, gehe ich als Magd auf einen anderen Bauernhof oder ich arbeite hier auf dem Hof meiner Eltern.
Schreiben und Lesen lerne ich in der Schule, wenn ich Zeit habe, dorthin zu gehen. Es ist doch auch gar nicht nötig, so etwas zu können. Erstens gibt es in unserem Haus keine Bücher und zweitens hätte ich gar keine Zeit, darin zu lesen. Meine Mutter würde mich gewaltig ausschimpfen, wenn ich in einem Buch lesen würde, anstatt meine Arbeit zu tun.

In einer Villa

Wir sind vornehme und reiche Leute. Wir wohnen in einer Villa in der Hauptstadt. Ich bin die Marie-Louise. Mein kleinerer Bruder und ich wohnen im dritten Stock. Unsere Kinderfrau, unsere „Bonne", stammt aus Frankreich und spricht mit uns nur Französisch, damit wir diese vornehme Sprache lernen. Bald bekommen wir auch eine „Miss" aus England, die uns die englische Sprache beibringt. Unser Hauslehrer, der auch bei uns wohnt, unterrichtet uns. Deswegen brauchen wir in keine Schule zu gehen. Jeden Morgen besuchen wir unsere Eltern eine halbe Stunde lang, dann gehen wir wieder in den dritten Stock hinauf, wo unsere Räume sind. Wir gehen nur in Begleitung unserer Erzieherinnen auf die Straße. Wenn ich vierzehn Jahre alt bin, gehe ich in ein Pensionat in der Schweiz. Dort lernen die vornehmen Mädchen alles, was sie können müssen, um einen vornehmen Mann heiraten zu können. Mein Bruder geht mit zwölf Jahren in eine Kadettenanstalt. Da wird er darauf vorbereitet, einmal ein Offizier in der Armee zu werden.

Vergleiche das Leben der beiden Kinder!
Übertrage die Tabelle auf ein extra Blatt. (Lass ausreichend Platz zum Schreiben.)
Fülle die Tabelle in Stichworten aus.

	Gretchen	Marie-Louise
Wohnsituation		
Familienleben		
Arbeitsteilung/Geschlechterrollen		
Erziehung/Schulbildung		

2.3 Kinder in Afrika

1) Setze die folgenden Wörter in den Text ein!

Baum – Boden – Buch – Savanne – Dornenhecke – Eltern – Heft – Kessel – Lehmhütten – Mädchen – Maisbrei – Rinder – Schatten – Schulgeld – Stunden – Tafel – Tiere – Wasserloch

Koki aus Kenia erzählt:

Ich wohne in einem Dorf in der ________________. Morgens um halb sechs, wenn es noch dunkel ist, treibe ich mit meinem Bruder unsere Rinder zum ________________. Das machen wir vor der Schule. Ich gehe gerne zur Schule, auch wenn wir jetzt noch zwei ________________ laufen müssen. In der Schule kann man viel lernen. Ich bin eins von den wenigen ________________, die zur Schule gehen dürfen. Unsere Eltern haben Arbeit und verdienen genug, um das ________________ für meinen Bruder und mich zu bezahlen. Viele Kinder können nicht zur Schule gehen, weil die ________________ kein Geld dafür haben. Ich besitze sogar ein richtiges ________________, aber das darf ich niemals mit nach Hause nehmen, weil es dort schmutzig werden könnte. Ein Buch besitze ich nicht. Und dabei würde ich so gerne mal in einem richtigen ________________ lesen. Unsere Schule befindet sich unter einem großen ________________. In seinem ________________ sitzen alle Jungen und Mädchen. Die ________________ ist am Baumstamm befestigt. Wer kein Heft hat, schreibt mit einem Stock auf den ________________. Mittags gibt es immer ________________. Den kocht eine Frau für uns in einem eisernen ________________ auf einem offenen Feuer zwischen drei Steinen. Nach dem Essen geht die Schule noch bis nachmittags um vier Uhr weiter. Auf dem Heimweg, der natürlich wieder zwei Stunden dauert, holen wir unsere Rinder am Wasserloch ab und treiben sie nach Hause. Unser Dorf besteht aus fünfzehn ________________, die keine Fenster haben. Das Dorf ist von einer dichten ________________ umgeben. Die Hecke hält die wilden ________________ draußen. Unsere ________________ sind nachts natürlich im Dorf.

2) Berichte über Kokis Schule! Wie unterscheidet sie sich von deiner Schule?

3) Viele afrikanische Kinder bauen sich ihr Spielzeug aus Müll. Baue ein Auto aus einer Getränkedose, Schaschlik-Stäbchen und Scheiben aus Flaschenkorken!

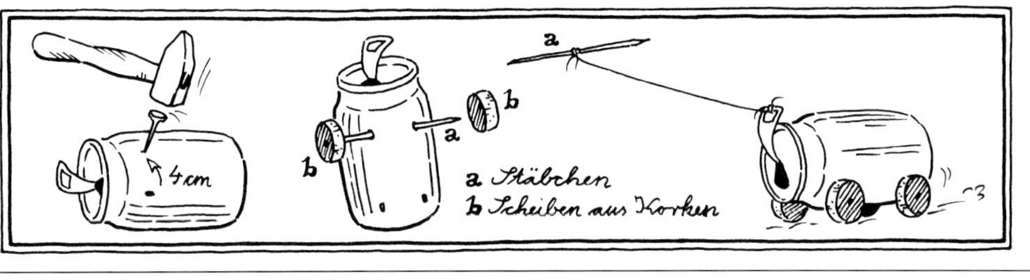

Finde im Internet, in der Schule oder zu Hause heraus:

1. **Was ist mit dem Verbot der Kinderarbeit gemeint?**

2. **Welche Aufgaben nimmt der Kinderschutzbund wahr?**

3. **Wie betätigt sich die deutsche Kindernothilfe?**

4. **Finde Einrichtungen in deiner Umgebung, die Kindern helfen. Wie sieht die Hilfe aus?**

1.1 Mitgestaltung

1) Trage ein!

In meinem Klassenraum werden _____ Schülerinnen und _____ Schüler unterrichtet.

Sie stammen aus insgesamt _____ Nationen.

In meinem Klassenraum befinden sich _____ Tische, _____ Schränke, _____ Regale,

_____ Tafeln, _____ Lehrerpulte, _____ Stühle und _____ __________________.

2 a) Zeichne deinen Klassenraum auf ein extra Blatt.
Verwende dabei folgende Symbole:

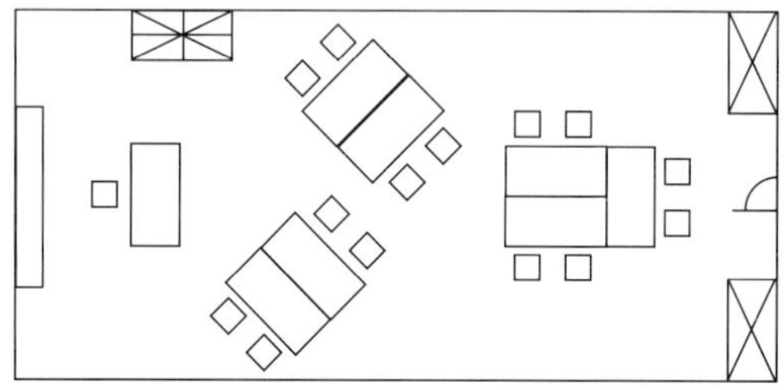

▭ Tisch	⊠ Schrank	□ Stuhl
⊠ Regal	▭ Tafel	⌊ Tür

b) Wie könnte man deiner Meinung nach die Gestaltung deines Klassenraumes (z. B. die Sitzordnung) verbessern?

____

____

____

____

____

____

____

Schüler und Lehrer sollen sich an unserer Schule wohlfühlen. Wir wollen miteinander leben, lernen und spielen. Für dieses Zusammenleben brauchen wir einige Regeln.

3) Erstelle mit deinen Mitschülern eine Klassenordnung.
Achte dabei besonders auf folgende Aspekte:

1. Verhalten während des Unterrichts
2. Verhalten bei Abwesenheit des Lehrers
3. Gesprächsverhalten
4. Demokratisches Verhalten
5. Klassendienste

1 a) Lies das folgende Gedicht!

Der kleine Schulmeister
Aufgepasst und hingesetzt! Hände hübsch gefaltet!
Dass ihr mir – ich rat euch – jetzt eure Schnäbel haltet!
Liese, wenn du nicht bald schweigst, zupf ich dich am Öhrchen,
Karl, wenn du dich vorlaut zeigst, zeig ich dir das Röhrchen.
Wer da auf dem letzten Sitz wackelt mit dem Kopfe?
Irr' ich nicht, so ist's der Fritz! – Gleich gibt's Fingerklopfe.
Wenn du nicht zur Tafel guckst – wehe dir! – ich stecke dich
und jeden, der noch muckst, drüben in die Ecke.
So! nun melde jeder sich gleich bei seinem Namen!
Denn beginnen feierlich soll jetzt mein Examen.

(R. Löwenstein um 1850)

b) Was beschreibt das Gedicht?

____

____

____

c) Vergleiche die Schule im Gedicht mit deiner Schule! Fülle dazu die Tabelle aus.

Vergehen	Maßnahme früher	Maßnahme in meiner Schule
1.		
2.		
3.		
4.		
5.		

2) Überlege, wie sich die Schule im Vergleich zu früher noch verändert hat. Befrage dazu beispielsweise deine Eltern und Großeltern.

Unsere Freizeit können wir sehr unterschiedlich verbringen. Dabei werden unsere Bedürfnisse und Möglichkeiten durch persönliche Faktoren (Alter, Einkommen, Gesundheit, Zeit usw.) und die Bedingungen unseres Wohnortes (Großstadt, Kleinstadt oder Dorf) beeinflusst.

1) Was ist dir bei der Gestaltung deiner Freizeit besonders wichtig? Bewerte von 1 bis 6! (1 = gar nicht wichtig, 6 = sehr wichtig)

☐ sportliche Betätigung ☐ Bildung

☐ Erholung ☐ soziale Tätigkeit

☐ Vergnügen ☐ Geselligkeit

2) Erkunde, wie viele Einrichtungen in deinem Stadtteil oder in deinem Ortsteil vorhanden sind. Trage diese in die Tabelle ein!

	kommunal (Stadt oder Gemeinde)	**kirchlich**	**sonstige Träger**
Anzahl Spielplätze			
Anzahl Bolzplätze			
Anzahl Jugendtreffs			

3) Welche Vereine in deinem Stadtteil oder Ortsteil haben Freizeitangebote für Kinder? Wie sehen die Angebote aus? Schreibe einige von ihnen auf!

4) In welchen Vereinen hast du bereits Freizeitangebote wahrgenommen und welche?

1.4 Pausengestaltung

Der Mensch ist keine Maschine, sondern ein Lebewesen. Erholungsphasen sind für ihn zwingend erforderlich! Pausen dienen der Vorbeugung bzw. der Beseitigung von Ermüdungserscheinungen. Du brauchst Pausen, damit du leistungsfähig bleibst. Die Wirkung der Pause ist natürlich abhängig davon, wie du deine Pause gestaltest. Bewegung und frische Luft erhöhen den Erholungswert. Natürlich sollen dir die Pausen auch Spaß machen.
In der Schule gibt es verschiedene Aktivitäten, die du während der Pausen oder Freistunden zum Teil mit anderen Schülerinnen und Schülern machen kannst.

1 a) Schreibe auf, was du genau in der Pause machst. Bewerte!

b) Was würdest du gerne in der Pause tun und erleben?

c) Mache konkrete Vorschläge, die zu einer Verbesserung der Pausen führen. Überprüfe ihre Durchführbarkeit.

2) Zeichne auf einem extra Blatt, wie dein Wunschpausenhof aussehen sollte!

1.3 Für sich selbst sorgen

In der Schule machst du sowohl im Unterricht als auch in der Pause täglich neue Lernerfahrungen. Lehrer, Schüler, Eltern, Hausmeister und andere Personen tragen dazu bei, dass Schule funktioniert und auch immer wieder Spaß macht.

1) Schreibe den Ablauf deines Schultages auf. Bewerte, was dir in den einzelnen Stunden und Pausen gefallen hat und was nicht. Gib zum Schluss zu jeder Phase eine Gesamtbewertung ab, indem du die Fingerhaltung ankreuzt.

Beginn _______ Uhr		
1. Stunde	○ 👍	○ 👎
2. Stunde	○ 👍	○ 👎
1. große Pause	○ 👍	○ 👎
3. Stunde	○ 👍	○ 👎
4. Stunde	○ 👍	○ 👎
2. große Pause	○ 👍	○ 👎
Rest des Schultages	○ 👍	○ 👎
Ende _______ Uhr		

2) Überlege, welche Phasen des Schultages <u>du selbst</u> verbessern könntest und wie!

Inhaltsverzeichnis

1 Schule gestalten

1.1 Mitgestaltung 2
1.2 Umgang mit Gleichaltrigen 3
1.3 Für sich selbst sorgen 4
1.4 Pausengestaltung 5
1.5 Schule früher und heute 6

2 Kindheit und Familie

2.1 Kinder im Mittelalter 7
2.2 Kinder im 19. Jahrhundert 8
2.3 Kinder in Afrika 9
2.4 Freizeiteinrichtungen für Kinder 10
2.5 Schutz der Kinder 11

3 Menschen mit Behinderungen

3.1 Formen von Behinderungen 12
3.2 Einstellungen zu Behinderten – früher .. 13
3.3 Einstellungen zu Behinderten – heute .. 14
3.4 Der Bericht eines Rollstuhlfahrers 15
3.5 Rollstuhlfreundliche Gebäude 16

4 Rund ums Geld

4.1 Tauschhandel 17
4.2 Funktionen des Geldes 18
4.3 Verschiedene Zahlungsmittel 19
4.4 Geld als Zahlungsmittel 20
4.5 Inflation und Sparen 21

5 Warum fliehen Menschen

5.1 Industrienationen und Entwicklungsländer 22
5.2 Das Asylrecht 23
5.3 Gründe zu flüchten 24
5.4 Fremd in Deutschland 25
5.5 Fremdenhass und Vorurteile 26

6 Umweltschutz

6.1 Mensch und Umwelt 27
6.2 Umweltverschmutzung 28
6.3 Müllentsorgung 29
6.4 Freizeitverhalten 30
6.5 Schutz der Umwelt 31

7 Suchterkrankungen

7.1 Informationen zu Suchterkrankungen 32
7.2 Drogenkunde 33
7.3 Der Teufelskreis der Sucht 34
7.4 Verlauf einer Sucht 35
7.5 Das Erlebnis von Alexander 36

8 Jugend und Recht

8.1 Regeln, Ordnungen und Gesetze 37
8.2 Mitbestimmung in der Schule 38
8.3 Das Jugendrecht 39
8.4 Das Jugendschutzgesetz 40
8.5 Das Jugendstrafrecht 41

9 Wahl

9.1 Das Wahlrecht 42
9.2 Die Regierung 43
9.3 Wahlprogramm 1 44
9.4 Wahlprogramm 2 45
9.5 Mitbestimmung 46

10 Lösungen 47

1) Lies die Texte über verschiedene Formen von Behinderungen!

Menschen mit Sprachbehinderung
Manche Menschen leiden an einer Sprachbehinderung. Sie können ihre Muttersprache nicht altersgerecht anwenden. Eine Sprachbehinderung ist z. B. das Stottern. Sprachbehinderungen schränken die Lern- und Leistungsfähigkeit sowie die Persönlichkeitsentwicklung erheblich ein.

Menschen mit einer Körperbehinderung
Zu den Körperbehinderungen zählen Bewegungsstörungen, Gliedmaßenfehlbildungen und Querschnittslähmung. Eine Körperbehinderung entsteht, wenn durch Infektionen oder Vergiftungen eines werdenden Kindes im Mutterleib die Entwicklung beeinträchtigt wird oder wenn aufgrund nachgeburtlicher Schädigungen das Körperwachstum eines Kindes behindert wird. Unfälle können ebenfalls Körperbehinderungen zur Folge haben. Manchmal ist ein Ausgleich durch Prothesen möglich. Hilfsmittel (z. B. Rollstuhl) tragen zur Erleichterung des Lebens von Menschen mit Körperbehinderungen bei.

Menschen mit Gehörlosigkeit oder Hörbehinderung
Gehörlosigkeit (Taubheit) oder eine Hörbehinderung bedeuten eine völlige oder teilweise Untauglichkeit des Hörsystems. Hörgeräte können einen akustischen Reiz (Geräusch) verstärken, sodass bestimmte Hörbehinderungen teilweise ausgeglichen werden können.

Menschen mit Lernbehinderung
Von einer Lernbehinderung spricht man bei erheblichem und andauerndem Schulversagen. Lernbehindert bedeutet nicht, dass der Mensch allgemein lernunfähig ist. In speziellen Gebieten können Lernbehinderte sogar überdurchschnittliche Leistungen zeigen. Kinder mit einer Lernbehinderung benötigen besondere Lernhilfen durch anschaulichen Unterricht mit kleinen Lernschritten und vielen Wiederholungen.

Menschen mit geistiger Behinderung
Durch angeborene oder erworbene hirnorganische Störungen arbeitet das Gehirn von geistig Behinderten nur eingeschränkt oder fehlerhaft. Geistig Behinderte brauchen meist ein Leben lang soziale Hilfe.

Menschen mit Blindheit oder Sehbehinderung
Bei Blindheit oder einer Sehbehinderung ist der Sehapparat völlig oder teilweise untauglich. Es gibt korrigierbare und nicht korrigierbare Sehbeeinträchtigungen. Kurzsichtigkeit und Weitsichtigkeit können zum Beispiel oft mit Brillengläsern ausgeglichen werden.

Menschen mit einer Verhaltensstörung
Menschen, die in bestimmten Situationen störend und unangemessen (z. B. aggressiv oder gehemmt) reagieren, werden als verhaltensauffällig oder verhaltensgestört bezeichnet. Die Entstehung einer Verhaltensauffälligkeit eines Kindes wird durch schwierige Lebensverhältnisse begünstigt.

2) Wo liegen deiner Meinung nach die Schwierigkeiten im Alltag bei den einzelnen Behinderungsformen? Schreibe diese auf ein extra Blatt.

3) Führt ein Rollenspiel durch: Verbindet euch eine Zeit lang die Augen, um euch in die Welt eines Blinden hineinzuversetzen. Sprecht über eure Erfahrungen.

1) Ordne zu:
Israel – Griechenland – Babylon – Deutschland – Rom – Ägypten

1 — 2400 v. Chr.

„Ein behindertes Kind wurde geboren? – Naja, wir brauchen doch auch Leute, die die schmutzige Arbeit machen.“

2 — 600 v. Chr.

„Ein behindertes Kind wurde geboren? – Das bedeutet Krieg, Hungersnot, Viehsterben oder ansteckende Krankheiten.“

3 — 600 v. Chr.

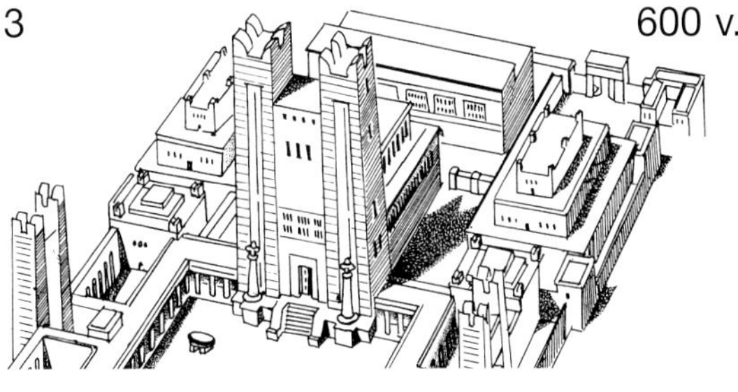

„Ein behindertes Kind wurde geboren? – Da haben die Eltern gesündigt. Gott straft sie jetzt mit einem behinderten Kind.“

4 — 400 v. Chr.

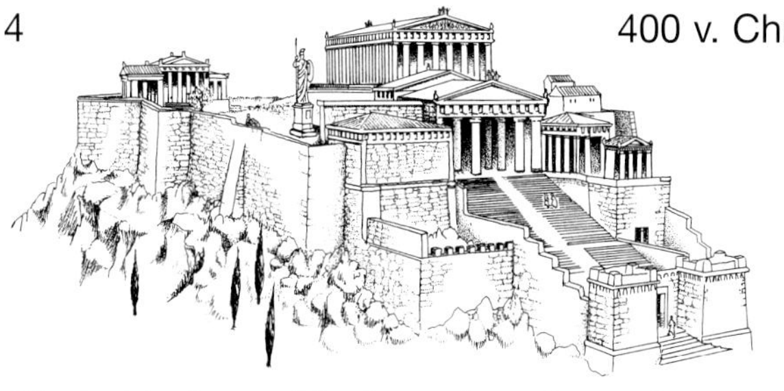

„Ein behindertes Kind wurde geboren? – Der Ältestenrat wird anordnen, dass es in eine Schlucht geworfen wird.“

5 — 200 v. Chr.

„Ein behindertes Kind wurde geboren? – Der Vater lässt es bestimmt in den Fluss werfen.“

6 — 600 n. Chr.

„Ein behindertes Kind wurde geboren? – Die Zwerge haben nachts heimlich das hübsche Menschenkind geholt und einen Wechselbalg gebracht.“

2) Wie haben die Menschen in früheren Zeiten auf behinderte Menschen reagiert?

3.3 Einstellungen zu Behinderten – heute

1) Welche Einstellung haben die Sprecher zu Menschen mit geistiger Behinderung? Ordne die Begriffe zu! (nach Wolfensberger 1972)

Bedrohung	1. So ein armes Luder kann einem von Herzen leidtun.
Objekt der Lächerlichkeit	2. Vor solch einem Kerl muss man sich in Acht nehmen. Wer weiß, was in seinem Kopf alles vorgeht.
Objekt des Mitleids	3. Wer wird sich aber um das Erwinchen (62 Jahre alt) kümmern, wenn seine Mutter nicht mehr lebt?
Heiliger	4. Das ist der Depp unserer Stadt. Dem haben wir schon manchen tollen Streich gespielt.
ewiges Kind	5. Diese Leute haben manchmal übernatürliche Offenbarungen. Sie können in die Zukunft schauen.
Kranker	6. Gegen fast alle Leiden gibt es Medikamente. Wann entdecken sie denn bloß mal ein Mittel gegen das Irresein?

2) Berichte von Begegnungen mit Behinderten! Wie hast du dich gefühlt und verhalten?

3) Wie leben Behinderte heute in unserer Gesellschaft? Suche im Internet nach Informationen zu einem der drei Bereiche.

a) Arbeit und Beruf

b) Schule

c) Sport

1 a) Lies den Text aufmerksam durch!

Ein Rollstuhlfahrer berichtet

Früher, wenn ich über die Straße ging, hatte ich manchmal Probleme, die ich heute nicht mehr habe. Früher war ich genauso behindert wie heute, doch früher wollte mir keiner so recht helfen. Heute habe ich nämlich einen Rollstuhl und der ist das Markenzeichen für Behinderte! Als ich noch keinen Rollstuhl hatte, kam es vor, dass ich durch das plötzliche Hupen eines Autofahrers erschrocken bin. Ich machte dann statt eines geraden Schrittes nach vorne einen Ausfallschritt zur Seite. Dann brauchte ich einige Zeit, bis ich weitergehen konnte. Inzwischen war die Fußgängerampel längst auf Rot umgesprungen. Ich stand mitten auf der Fahrbahn. Das Hupkonzert war perfekt.
Da war ich ja auch noch nicht sichtbar behindert. Ich war ja nur ein Spastiker und so einer muss schon den Kopf unter dem Arm tragen, um auch ohne Rollstuhl als behindert anerkannt zu sein.
Mir ist es jedenfalls oft passiert, dass ich von Passanten angepöbelt worden bin, ich solle doch schneller über die Straße gehen. Bei einer Ampelanlage mit zwei Ampeln blieb ich oft an der Ampel in der Straßenmitte stehen. Ich musste mich ein wenig ausruhen. Wenn ich mich erschrocken hatte, konnte ich das spastisch gelähmte Bein zuerst nicht bewegen. „Willst du denn nicht endlich über die Straße gehen?“, bekam ich manchmal spöttisch zugerufen. „Grüner wird es nicht mehr!“
Dass ich dann wirklich im Augenblick nicht gehen konnte oder vielleicht sogar Hilfe benötigte, fiel selten jemandem auf.
Wie gut ist es doch, dann im Rollstuhl an der Kreuzung zu sitzen. Jetzt sehen alle, dass ich behindert bin. Autofahrer winken mich freundlich über die Straße, oft sind auch nette Helfer zur Stelle. Meine Bitte an alle Verkehrsteilnehmer: Beachtet, dass es auch Menschen gibt, deren Behinderung man nicht sofort erkennen kann! Es muss nicht immer Bummelei oder Träumerei sein, wenn jemand langsam und bedächtig eine Straße überquert.
(Lutz Zierlinger)

<u>Info:</u> Menschen mit einer Spastik müssen damit rechnen, dass sich bei Kälte oder einem Schreck ihre Muskeln verkrampfen und dann kaum beweglich sind.

b) Welche Erfahrungen hat der Rollstuhlfahrer gemacht?

2) Lies dir das folgende Experiment durch! Sprich darüber mit deinen Freunden.

Das Experiment der Klasse M6
Mit ihrem Lehrer fuhren die Schülerinnen und Schüler der Klasse M6 in die nächste größere Stadt. Ein Schüler, der ausgelost worden war, verpflichtete sich, die ganze Zeit in einem Rollstuhl zu sitzen und sich wie ein Rollstuhlfahrer zu verhalten. Die Mitschülerinnen und Mitschüler sollten ihn abwechselnd schieben. Der „Rollstuhlfahrer“ sagte hinterher: „Vom Rollstuhl aus gesehen ist die Welt ganz anders, als wenn man normal laufen kann.“ Die Klassenkameraden sagten: „Einen Rollstuhlfahrer durch die Fußgängerzone zu schieben, ist gar nicht so einfach, weil einen die Leute so anstarren und manchmal keinen Platz machen.“

**Finde heraus, ob die folgenden Gebäude eures Ortes rollstuhlfreundlich sind!
Kreuze dies in der Tabelle entsprechend an!**

	Rampe	Türöffner	Behinderten-WC	Fahrstuhl
Schule	❍ ja ❍ nein	❍ ja ❍ nein	❍ ja ❍ nein	❍ ja ❍ nein
Bürgerhaus	❍ ja ❍ nein	❍ ja ❍ nein	❍ ja ❍ nein	❍ ja ❍ nein
Rathaus	❍ ja ❍ nein	❍ ja ❍ nein	❍ ja ❍ nein	❍ ja ❍ nein
Gericht	❍ ja ❍ nein	❍ ja ❍ nein	❍ ja ❍ nein	❍ ja ❍ nein
Schwimmbad	❍ ja ❍ nein	❍ ja ❍ nein	❍ ja ❍ nein	❍ ja ❍ nein
Kirche	❍ ja ❍ nein	❍ ja ❍ nein	❍ ja ❍ nein	❍ ja ❍ nein
Museum	❍ ja ❍ nein	❍ ja ❍ nein	❍ ja ❍ nein	❍ ja ❍ nein
Kaufhaus	❍ ja ❍ nein	❍ ja ❍ nein	❍ ja ❍ nein	❍ ja ❍ nein
Hotel/Gasthof	❍ ja ❍ nein	❍ ja ❍ nein	❍ ja ❍ nein	❍ ja ❍ nein
	❍ ja ❍ nein	❍ ja ❍ nein	❍ ja ❍ nein	❍ ja ❍ nein
	❍ ja ❍ nein	❍ ja ❍ nein	❍ ja ❍ nein	❍ ja ❍ nein

1) Vervollständige den Lückentext!

Axt – Familie – Früchte – Gartens – Geld – Wagen – Holz – Kleidung – Kuh – Menschen – Milch – Naturvölkern – Schafe – Scheunen – Steine

Der Tauschhandel

In alten Zeiten hat niemand __________________ benötigt. Jede __________________ erzeugte selbst, was sie zum Leben brauchte. Man aß das Gemüse und die __________________ des eigenen Feldes und des eigenen __________________. Fleisch und __________________ bezog man von den eigenen Tieren. Die __________________ konnte man aus der Wolle der eigenen __________________ oder aus dem selbst angebauten Flachs herstellen. Wollte man Häuser, Ställe oder __________________ bauen, dann holte man sich das __________________ aus dem eigenen Wald und die __________________ aus dem eigenen Steinbruch. Und wenn man vom Schmied eine __________________ oder einen Pflug oder einen neuen __________________ vom Wagner brauchte, dann entlohnte man ihn zum Beispiel mit Getreide oder einer __________________.
Die __________________ kauften nicht, sondern tauschten ihre Waren.
Bei __________________ gibt es diesen Warentausch noch heute.

2) Warum tauschen wir heute nicht mehr direkt, sondern verwenden Geld als Zahlungsmittel?

____

____

____

____

3) Stell dir vor, du wolltest ein Handy haben, es gäbe aber kein Geld als Zahlungsmittel. Nun musst du dem Händler etwas aus deinem Besitz zum Tausch anbieten. Schreibe einen kurzen Aufsatz über den Ablauf eines solchen Tauschgeschäftes!

____

____

____

____

____

1 a) Stell dir vor, du würdest auf eine einsame Insel verschlagen. Dort fändest du eine Truhe mit Goldmünzen. Nun wärst du reich!?

b) Wann ist es sinnvoll, Geld zu besitzen und wann ist Geld wertlos? Schreibe mindestens drei Argumente in Stichpunkten auf!

____

____

____

2) Entziffere den Text der rätselhaften Schriftrolle und schreibe ihn auf!

____

____

____

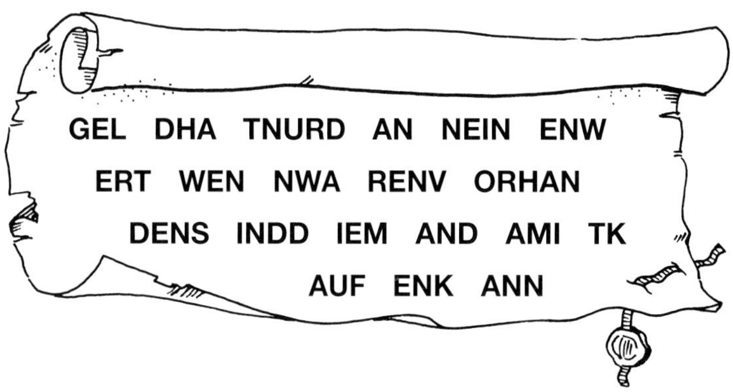

Geld erfüllt in unserem Wirtschaftssystem verschiedene Funktionen:
Durch Geld können wir vergleichen, wie viel einzelne Güter und Leistungen wert sind. Wir können einen Preis nennen.
Geld erweitert unsere Tauschmöglichkeiten. In unserer Tauschwirtschaft produzieren einzelne Gruppen unterschiedliche Güter und tauschen sie gegen die Güter anderer Gruppen ein. Der direkte Tausch lässt sich nur schwer durchführen. Daher einigt man sich auf ein allgemein anerkanntes Tauschmittel: Geld. Wir tauschen also nicht mehr Güter gegen Güter, sondern Geld gegen Güter.

3) Erkläre folgenden Satz: *Die Erfindung von Geld als Zahlungsmittel verringert das Suchproblem nach geeigneten Tauschpartnern.*

____

____

____

____

Persen
Bd. 340. Erik Dinges/Heinz-Lothar Worm: Sozialkunde

Im Laufe der Geschichte ist Geld in unterschiedlichen Erscheinungsformen aufgetreten. Gegenstände, z. B. Felle, Vieh und Metalle, dienten als Tauschmittel mit Zahlungsfunktion.

1) Beschrifte die dargestellten Zahlungsmittel!

Fellgeld aus dem Norden – Goldbarren aus dem alten Rom – Steingeld der Insel Jap (Karolinen) – Messergeld aus China – Sammelringe der Pfahlbauern – Vieh als Zahlungsmittel – Silberdoppelaxt aus Altägypten – Kaurimuscheln aus Ostafrika

②

①

③

⑤

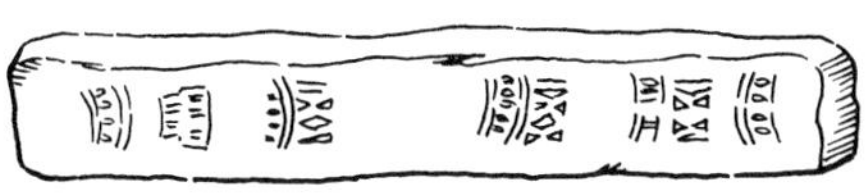
④

⑥
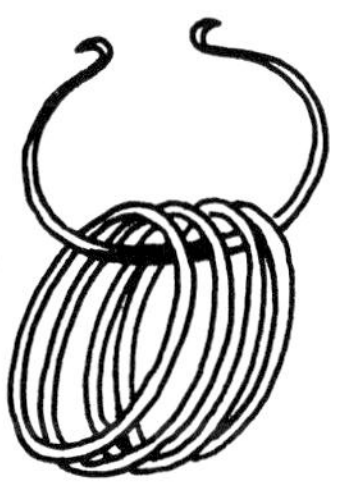

⑦

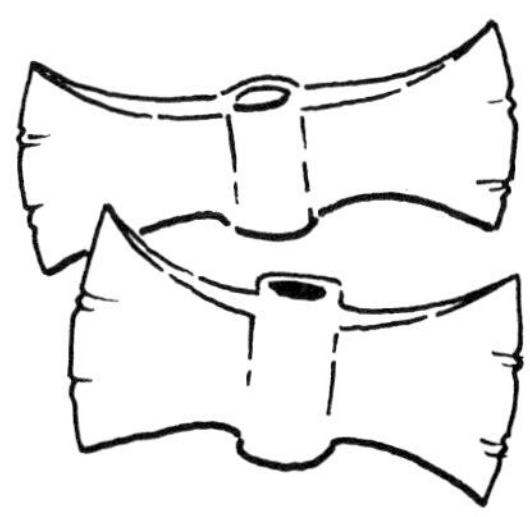
⑧

Heutzutage muss Geld bestimmte technische Anforderungen erfüllen. Dazu gehören Teilbarkeit, Haltbarkeit, Austauschbarkeit, Seltenheit und auch schwere Fälschbarkeit.

2 a) Diskutiere mit deinem Nachbarn, was die einzelnen technischen Anforderungen bedeuten!

b) Suche dir zwei der abgebildeten Zahlungsmittel aus.
Welche technischen Anforderungen erfüllen die Zahlungsmittel und welche nicht?
Nutze ein extra Blatt. Begründe deine Antworten in Stichworten!

1 a) Lies den Text!

Falschmünzerei
Manchmal versuchen Menschen, **Geldscheine** oder Münzen selbst herzustellen. Nachgemachte Geldscheine heißen **Falschgeld** oder auch **„Blüten“**. Auf **Falschmünzerei** steht schwere **Bestrafung**. Nur der Staat darf Geld herstellen.
Münzen haben eine deutlich erkennbare **Prägung**. **Papiergeld** enthält zur Sicherheit u. a. Wasserzeichen. Wenn man einen Geldschein gegen das Licht hält, sind die Wasserzeichen deutlich zu sehen. Selbst der beste **Farbkopierer** ist für einen **Geldfälscher** wertlos, weil Wasserzeichen nicht kopiert werden können.

b) Setze die fett gedruckten Wörter in das Rätsel ein und finde das Lösungswort!

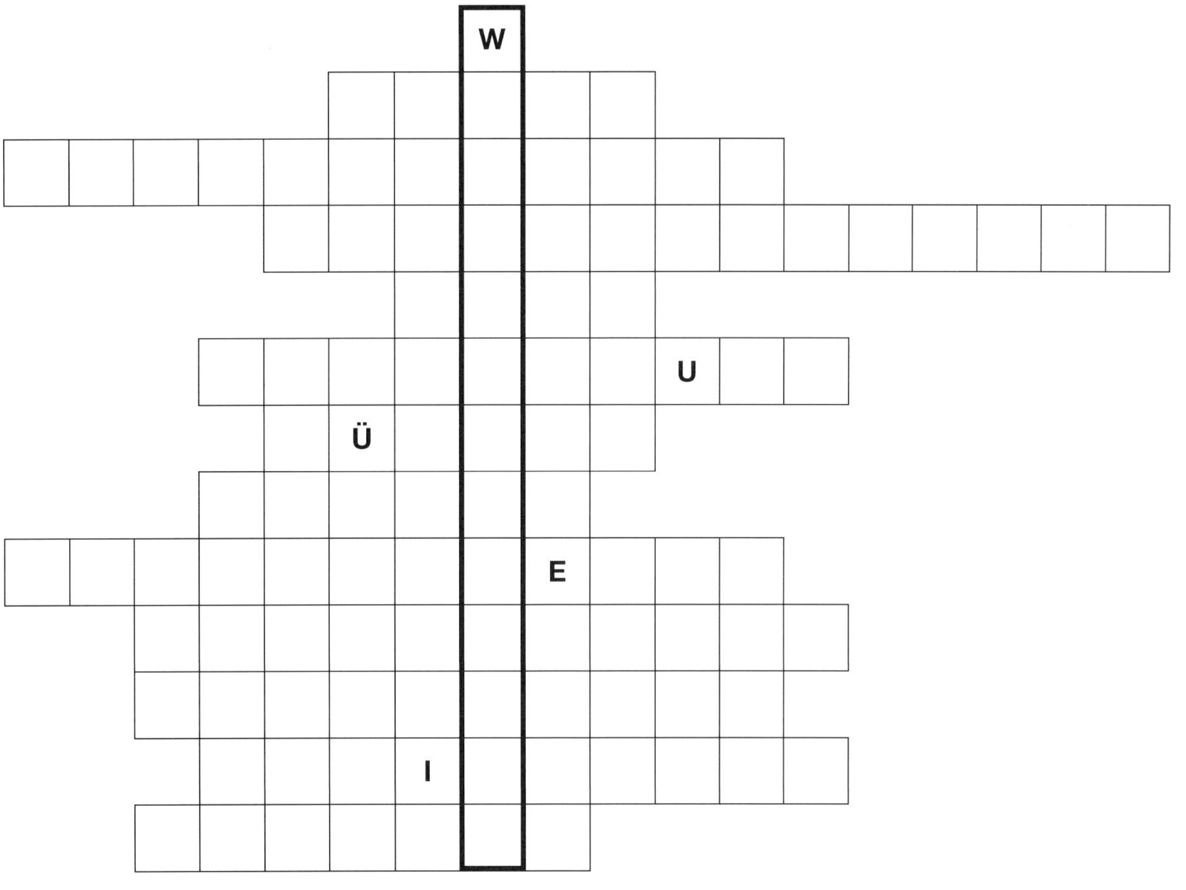

Viele Staaten – ein Zahlungsmittel
Viele europäische Staaten, die eng zusammenarbeiten, haben sich entschlossen, eine gemeinsame Währung, den Euro (1 Euro = 100 Cent) einzuführen. Damit entfällt das häufige Geldwechseln an den Grenzen.
Seit dem 1. 1. 2002 gibt es in zwölf europäischen Staaten den Euro als offizielles Zahlungsmittel.

2) Finde heraus, in welchen Staaten der Euro die amtliche Währung ist!

____

____

____

4.5 Inflation und Sparen

1 a) Lies den Text!

Wenn das Geld seinen Wert verliert
Manchmal sind die Waren (Lebensmittel, Kleidung usw.) knapp. Dann werden sie wertvoller, weil die Leute gerne mehr dafür bezahlen. Das Geld verliert dabei an Wert. Alles wird teurer. Eine solche Geldentwertung heißt „Inflation".
Eine ganz verheerende Inflation gab es im Jahre 1923. Damals reichten selbst mehrere Millionen Mark nicht aus, um ein Brot zu kaufen.

Damals zahlte man	für	Ende Oktober	Ende November
	1 kg Äpfel	500–700 Millionen Mark	200 Milliarden Mark
	1 kg Schmalz	32 Milliarden Mark	6 Billionen Mark

b) Schreibe die Preise von Ende November 1923 als Zahlen (mit allen Nullen) auf!

1 kg Äpfel: ______________________________

1 kg Schmalz: ______________________________

c) Erkläre mit deinen Worten, was man unter Inflation versteht und welche Konsequenzen sich für die Menschen daraus ergeben.

____

____

____

____

2 a) Überlege, warum dieses Sprichwort auch heute noch seine Gültigkeit hat!

b) Löse das Rätsel um diesen Satz und schreibe ihn auf!

SPURUN HUUßT, UN GUTUN ZUUTUN NUCHT ULLUS VURBRUUCHUN, DUMUT MUN UN SCHLUCHTUN ZUUTUN NUCHT NUT LUUDUT.

____

____

Die **Industrienationen** zeichnen sich aus durch viele industrielle Produktionsstätten, gute Verkehrsverbindungen, einen hohen Lebensstandard und die soziale Sicherung ihrer Bewohner. Die Industrienationen sind hauptsächlich auf der Nordhalbkugel zu finden.
Die **Entwicklungsländer** dagegen sind arm. Sie verfügen kaum über Industrien und haben wenige oder schlechte Verkehrsverbindungen. Ihre Einwohner sind sozial wenig gesichert, leben oft an der Armutsgrenze oder darunter, ihre Lebenserwartung ist verhältnismäßig kurz. Die Entwicklungsländer sind überwiegend auf der Südhalbkugel zu finden.

Welche Aussage gehört zu einem Menschen aus den Entwicklungsländern und welche Aussage könnte ein Mensch aus den Industrienationen gemacht haben?
Schreibe in das jeweilige Kästchen ein E für Entwicklungsländer und ein I für Industrienationen!

☐ „Ich bekomme Rente, wenn ich alt bin und nicht mehr arbeiten kann."

☐ „Wenn ich alt bin, sorgen meine Kinder für mich. Deswegen habe ich viele Kinder."

☐ „Fabriken gibt es bei uns kaum, man verdient dort einen Hungerlohn.
Die meisten Leute arbeiten in der Landwirtschaft."

☐ „Ich verdiene gutes Geld in der Fabrik."

☐ „Gute Straßen gibt es bei uns kaum. Wozu auch, wenn es kaum Autos gibt?"

☐ „Ich kann jeden Ort in unserem Land mit meinem Auto erreichen."

☐ „Wir haben in unserem Land nur wenige Eisenbahnen."

☐ „Bei uns gibt es viele gute Bahnverbindungen."

☐ „Bei uns gibt es genügend Ärzte und viele gute Krankenhäuser."

☐ „Ich muss ein paar Tage lang wandern, um einen Arzt oder ein Krankenhaus zu erreichen."

Für Deutschland gilt: „Politisch Verfolgte genießen Asylrecht." (Artikel 16a Grundgesetz)

1) Vervollständige den Lückentext! Setze ein:

Asylrecht – Aufenthaltserlaubnis – Bundesministerium – Deutschkursen – Heimatland – Rasse – Religion – Wohnort – Sozialleistungen – Überzeugung – Verwaltungsgerichts – Volksgruppe – Zugehörigkeit

Mit diesem Satz hat die Bundesrepublik Deutschland die Verpflichtung übernommen, Menschen aufzunehmen, die wegen ihrer politischen Ü______________________, R__________________, R_________________ oder Z____________________ zu einer bestimmten V_________________ in ihrem Land begründete Furcht vor staatlichen Verfolgungsmaßnahmen haben.

Das B________________________ des Innern ist für das A____________________ zuständig. Nach den gesetzlichen Vorschriften entscheidet das Bundesamt für die Anerkennung ausländischer Flüchtlinge (BAFl) über den Antrag eines Asylbewerbers. Wird der Antrag abgelehnt, kann die Hilfe eines V____________________ angerufen werden. Wird der Antrag erneut abgelehnt, kann der Asylbewerber in sein H____________________ abgeschoben werden. Wird der Antrag anerkannt, erhält der Asylberechtigte (jetzt nicht mehr Asylbewerber) eine dauerhafte A______________________ und einen Flüchtlingsausweis. Das berechtigt ihn zu kostenlosen D__________________________ und begründet einen Anspruch auf S____________________. Außerdem kann er jetzt seinen W_________________ frei wählen.

2 a) Welche Fluchtgründe werden anerkannt?

b) Welche Fluchtgründe kannst du dir noch vorstellen?

c) Überlege, was eine Abschiebung für einen Asylbewerber bedeutet. Diskutiere!

Es gibt Menschen, die in ihrem Heimatland aus verschiedenen Gründen bedroht sind. Für sie gibt es in Deutschland das Asylrecht. Sie werden als „politische Flüchtlinge“ eingestuft. Menschen, die ihr Land verlassen, weil dort die Lebensbedingungen schlecht sind, haben in Deutschland kein Asylrecht. Ihre Anträge auf unbefristete Aufenthaltsgenehmigung werden abgelehnt, weil sie als „Wirtschaftsflüchtlinge“ gelten.

Stelle fest, wer politischer Flüchtling oder Wirtschaftsflüchtling ist!

1. In meinem Heimatland herrscht Bürgerkrieg. Die einzelnen Volksstämme führen blutige Kämpfe. Ich bin mit meinen Kindern geflohen, um in Deutschland in Sicherheit zu sein.

2. In Deutschland lässt es sich gut leben. Ich bin mit meiner Familie aus einem Entwicklungsland hierhergekommen, weil in meinem Heimatland große Armut herrscht und wir kaum zu essen haben.

3. Ich gehöre zu einer Religionsgruppe, die die Regierung meines Landes verboten hat. Ich bin nach Deutschland gekommen, weil ich meinen Glauben hier frei ausüben kann.

4. Ich bin ein Gegner der Regierung meines Landes. Weil ich die Ungerechtigkeiten der Regierung und die Missstände im Land angeprangert habe, soll ich verurteilt werden. Ich bin nach Deutschland gekommen, um mein Leben zu retten.

5. Meine Kinder haben in meinem armen Heimatland, einem Entwicklungsland, keine Möglichkeit, zur Schule zu gehen und eine gute Ausbildung zu bekommen. Ich bin mit ihnen nach Deutschland gekommen, um ihnen gute Zukunftschancen zu eröffnen.

6. In meinem Heimatland werden die Menschen behandelt wie rechtlose Sklaven. Ich möchte in Deutschland leben, weil hier die Menschenrechte geachtet werden.

1) Welche Schwierigkeiten hat eine Asylsuchende oder ein Asylsuchender in Deutschland? Ergänze weitere Gedankenblasen!

2) Sprecht über die Vorurteile gegenüber Asylanten!

Einige Menschen feinden Asylbewerber offen an. Rechtsextremistische Gruppen (z. B. Neonazis und rechte Skinheads) wollen überhaupt keine Ausländer im Land dulden. Aber auch andere Deutsche haben manchmal Vorurteile gegenüber Fremden. Vorurteile sind meistens falsch.

1) Kreuze die Sätze an, die als Vorurteile zu erkennen sind!

❍ Sie wollen sich hier kostenlos durchfüttern lassen.

❍ Sie müssen daheim um ihr Leben fürchten.

❍ Sie sind allesamt Terroristen.

❍ Sie finden sich bei uns nur schwer zurecht, weil ihnen alles ungewohnt ist.

❍ Sie müssen schnell Deutsch lernen, um sich ohne Hilfe verständigen zu können.

❍ Sie stehlen wie die Raben.

❍ Sie haben Ungeziefer am Körper.

❍ Sie sind fast alle kriminell.

❍ Sie haben sicherlich oft Heimweh.

❍ Sie werden auch bei uns manchmal bedroht.

❍ Sie schleppen Krankheiten ein.

❍ Sie müssen den Hass mancher Deutscher ertragen.

❍ Sie wollen daheim nichts arbeiten.

2) Überlege, woher Vorurteile kommen!

____

____

____

____

____

____

3) Sprich mit deinen Klassenkameraden über die Feststellung:
„Jeder ist Ausländer. Fast überall!“

Das Gleichgewicht in der Umwelt ist die Grundvoraussetzung für ein gesundes Leben von Mensch, Tier und Pflanzen. Ist es gestört, so kommt es zu Schäden. Krankheiten können auftreten, bis hin zum Tod.
Für einen gewissen Zeitraum kann man ein biologisches Gleichgewicht auch künstlich herstellen, z. B. in einem Gewächshaus oder Aquarium.

1 a) Betrachte die Abbildung und nenne 3 Störungen des Gleichgewichts!

1. ____________________

2. ____________________

3. ____________________

b) Was passiert, wenn das Gleichgewicht gestört ist? Überlege und schreibe deine Gedanken in Stichpunkten auf!

____

____

____

2) Wie kann unsere Gesellschaft dazu beitragen, dass das Gleichgewicht der Natur nicht gestört wird?

____

____

____

6.2 Umweltverschmutzung

1) Vervollständige den Lückentext!

reinigen – Tiere – Wasser – Geräuschbelastung – Bauwerken – Waldsterben – Stress – Gasen – Verkehr – Atmen – Luft – Giftstoffe – Ölkatastrophen – Fabriken – Verpackungen – Müllkippen

Menschen, ______________ und Pflanzen sind auf die Natur angewiesen: Sie brauchen ________________ zum Leben und Luft zum _________________.

Immer mehr Autos „pusten“ jedoch ihre Abgase in die _________________. Fabriken setzen Mengen von ___________________ durch hohe Schornsteine frei. Auch die besten Filter können diese Gase nicht 100-prozentig ________________________. Die Folgen sind u. a. ____________________, verschiedene Erkrankungen von Mensch und Tier sowie die Schädigung von _____________________.

Auch das Wasser wird immer weiter verschmutzt. __________________________ durch Tankerunfälle, das Zuführen von ungefiltertem Schmutz- und Kühlwasser von ____________________ sowie die Entsorgung von Müll in Flüssen und im Meer sind nur einige Gründe dafür.

Durch _____________________ und Massenkonsum entsteht immer mehr Müll. Ihn richtig zu entsorgen, kostet viel Geld. Einige Menschen versuchen daher, den Müll auf andere Weise zu entsorgen.

Es entstehen beispielsweise wilde ________________________. Dort bleibt der Müll liegen und sondert teilweise ______________________ ab.

Ein weiterer Aspekt ist der zunehmende Lärm: Die ____________________ nimmt immer mehr zu. Schuld daran ist der wachsende ________________________ und immer weniger Rücksichtsnahme auf die Mitmenschen (z. B. wird in der Mittagszeit Rasen gemäht). Dies führt letztlich zu vermehrtem __________________________ bei Menschen und Tieren.

2) Nenne drei Umweltbelastungen aus dem Text.
Wie kann man diese Umweltbelastungen verringern oder vermeiden?

____

____

____

____

____

____

Täglich entstehen durch den Menschen riesige Berge Müll. Die billigste Möglichkeit seiner Entsorgung ist die Lagerung auf einer Müllkippe.

1) Finde heraus, wo du folgenden Müll richtig entsorgen kannst!

Müllsorte	**richtige Entsorgung**
Papier	______________________
Essensreste	______________________
Batterien	______________________
Gartenabfälle	______________________
Elektrogeräte	______________________
alte Möbel	______________________
Farben und Lacke	______________________
Arzneimittel	______________________
Gemüsereste	______________________
Plastikbecher	______________________
Verpackungen aus Alu	______________________
Flaschen	______________________

Der meiste Müll wird in Müllverbrennungsanlagen oder auf Mülldeponien entsorgt. Die Deponien müssen genau geplant und angelegt werden, da sonst die Umwelt durch den verrottenden Müll geschädigt werden kann. So müssen beispielsweise zwischen die einzelnen Müllschichten Zwischenabdeckungen eingebaut werden. Auch für das Regenwasser, welches durch die Schichten versickert, müssen Rohre zum Ablaufen vorhanden sein – sonst wird der Untergrund verseucht! Als oberste Deckschicht wird zuletzt Muttererde aufgetragen, die bepflanzt wird.

2) Betrachte den Aufbau einer Mülldeponie und ordne die Zahlen den Begriffen zu!

____ Mutterboden
____ Kontrollhaus
____ Planierraupe
____ Zwischenabdeckung
____ abgedichteter Untergrund
____ Müllwagen
____ Rohre für Sickerwasser
____ Grundwasser
____ Müllschicht (ca. 2 m dick)
____ Bepflanzung

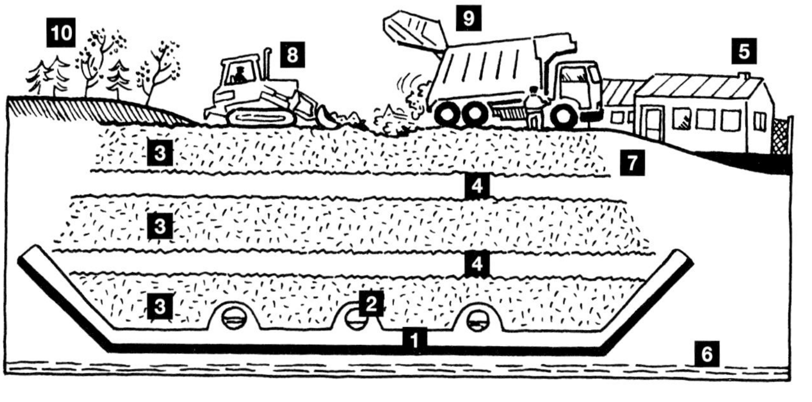

Freizeit ist für den Menschen von großer Bedeutung: Durch sie erholt er sich, baut Stress ab und macht sich so wieder fit für die Bewältigung seiner Aufgaben im Alltag.
Es gibt die unterschiedlichsten Möglichkeiten, Freizeit zu gestalten. Hierzu zählen gesellschaftliche Veranstaltungen wie Kinobesuche, geselliges Beisammensein, die Mitgliedschaft in Vereinen oder sportliche Aktivitäten.
In den letzten Jahren ist zu beobachten, dass letztere einen starken Anstieg zu verzeichnen hatten: In allen Altersschichten wird immer mehr Sport betrieben, vom Handball für Minis bis zum Nordic Walking für Senioren.

1 a) Lies den folgenden Bericht aufmerksam!

Sportreisen – nur wenn Naturschutz gesichert ist, ermahnt der Umweltschutzbeauftragte

Treiben Sie im Urlaub Sport im Freien. Sie steigern Ihre Lebensfreude und fördern Ihre Gesundheit. Informieren Sie sich allerdings zunächst, wo Sie der Natur nicht schaden. Urlaubssport kann ein ökologischer Stressfaktor sein, insbesondere beim Massensport (z. B. Ski- oder Wassersport) sowie beim Trend- und Extremsport in bislang unberührter Natur.

Sportliche Aktivitäten in den Ferien sind notwendig für die körperliche und seelische Gesundheit. Denn im Alltag zu Hause gibt es nur noch selten Erlebnisse durch viel Bewegung und körperliche Herausforderung, durch Spannung, Risiko und Experiment. Beim Sport im Urlaub entdecken immer mehr Menschen Spaß und Abenteuer.
Eine beachtliche Zahl von Sportarten, verbunden mit modischen Trends und einfach im Reisebüro zu buchen, breitet sich immer mehr aus. Neben den herkömmlichen und auch heute noch sehr geschätzten Sportarten wie Wandern, Radfahren, Schwimmen oder Tennis sind viele neue Formen aufgetreten wie Mountainbiking, Surfen, Wildwasserfahren, Wasserski, Snowboarding oder Sportaktivitäten wie Tieftauchen, Überlebenstraining, Free Climbing oder Trekking. Verständlich, dass Touristen und Sportler am liebsten freie Natur und Landschaft aufsuchen, insbesondere Hochgebirge, Gletscher, Felsen, Meeresküsten sowie Seen und naturnahe Wasserläufe. Immer mehr Menschen besuchen dabei die knappen Flächen noch intakter Natur, insbesondere in Naturschutz- und Landschaftsschutzgebieten. Ernste Schäden sind nicht zu übersehen. Damit nicht auch die letzten intakten Naturgebiete zerstört werden, müsste die Zahl ihrer Besucher gesenkt werden. Außerdem müssten die Besucher lernen, rücksichtsvoller mit der Natur umzugehen.

Wer in freier Natur Sport treibt, trägt – auch als Einzelner – besondere Verantwortung. Jeder Sportler sollte sich dies bewusst machen. Für jede Sportart gelten spezielle Regeln. Viele der bevorzugten Sport- und Freizeitaktivitäten können mühelos umweltgerecht ausgeübt werden, so zum Beispiel Wandern, Radfahren und Schwimmen. Umgekehrt erfordern andere stets eine genaue Beachtung fachlicher Empfehlungen, damit sie noch als umweltverträglich gelten können, so z. B. Ski fahren, Mountainbiking, Motorboot fahren, Klettern und Trekking.

b) Diskutiere Pro- und Contra-Argumente für bzw. gegen bestimmte Sportarten!

6.5 Schutz der Umwelt

1) Kreuze an, welches Verhalten die Umwelt schützt!

- ❍ Verzicht auf eine aufwendige Verpackung von Gegenständen
- ❍ Abgabe von Batterien im Sammelcontainer
- ❍ Verwenden von Plastiktüten beim Einkauf
- ❍ Kauf von Getränken in Dosen
- ❍ Zigarettenstummel in der Toilette entsorgen
- ❍ Abstellen des Motors vor einer geschlossenen Bahnschranke
- ❍ Mountainbikefahren im Wald, um niemanden zu stören
- ❍ Lautes Hören von Musik
- ❍ Benutzen von Pfandflaschen
- ❍ Regelmäßiges Überprüfen der Heizungsanlage
- ❍ Entsorgen von gebrauchten Taschentüchern in der Biotonne
- ❍ Getrennte Entsorgung von Flaschen im Glasmüllcontainer
- ❍ Entsorgung eines Holztisches im Wald
- ❍ Verwendung von wenig Toilettenpapier
- ❍ Lärm ist unschädlich
- ❍ Benutzung der Spülstopptaste
- ❍ Altes Kochfett in der Toilette entsorgen
- ❍ Verwenden von Streusalz im Winter
- ❍ Einbau von Filteranlagen in Fabriken
- ❍ Baden statt Duschen
- ❍ Benutzen öffentlicher Verkehrsmittel

2) Betrachte die Punkte in Aufgabe 1, die du nicht angekreuzt hast. Schreibe auf, wie man sich jeweils verhalten sollte, um der Umwelt nicht zu schaden bzw. um die Umwelt zu schützen.

7.1 Informationen zu Suchterkrankungen

Wenn man das Wort „Sucht“ hört, dann denkt man sofort an Drogen. Dabei gibt es noch viele andere Suchtkrankheiten.

1) Lies die Aussagen. Wie nennt man die beschriebene Sucht?

1. ____________________ Das Schönste, was es gibt, ist das Essen. Manchmal bekomme ich richtige Essanfälle.

2. ____________________ Spielautomaten sind unübertroffen. Wenn ich die Scheiben rotieren lassen kann, brauche ich sonst nichts auf der Welt.

3. ____________________ Computerspiele packen mich immer wieder neu. Meine Freunde habe ich schon lange nicht mehr getroffen.

4. ____________________ Ich habe überhaupt keine Zeit, weil ich erst meine Arbeitsliste abarbeiten muss.

5. ____________________ Im Supermarkt kommt es über mich. Ich kaufe die tollsten Sachen, auch wenn ich sie gar nicht brauche.

2 a) Lies den Text!

Die oben genannten Suchtformen gehören zu den **stoffungebundenen** Süchten oder stoffungebundenen Abhängigkeiten.

Bei den **stoffgebundenen** Süchten handelt es sich um Abhängigkeiten von Drogen. Drogen sind keine Nahrungsmittel, sondern Stoffe, die auf den menschlichen Körper einwirken und besondere Empfindungen oder Rauschzustände hervorrufen. Viele Drogen kann man überall kaufen. Das sind die **legalen Drogen**, deren Genuss nicht durchweg verboten ist, obwohl sie auch gefährlich sein können: Koffein – enthalten in Kaffee, Alkohol – enthalten in allen alkoholischen Getränken und Nikotin – enthalten in Zigaretten, Zigarren und Pfeifentabak. Manche Menschen sind auch süchtig nach bestimmten Medikamenten oder nach Dämpfen, die in Farbdosen enthalten sind, den sogenannten Schnüffelstoffen.
Illegale Drogen sind in Deutschland verboten, weil ihre Wirkung gesundheitsgefährdend ist und oft lebensbedrohend werden kann. Sie werden von Drogendealern heimlich angeboten. Die wichtigsten Drogen sind Cannabis, LSD, Amphetamine, Designerdrogen, Kokain/Crack und Heroin.

b) Fülle die Tabelle aus!

Legale Drogen	Illegale Drogen
____________________	____________________
____________________	____________________
____________________	____________________
____________________	____________________

3) Schreibe einen Bericht über den Tagesverlauf eines Suchtkranken, der stoffungebunden süchtig ist!

Lies dir die Infotexte zu verschiedenen Drogenarten aufmerksam durch!

Cannabis wird aus der Hanfpflanze gewonnen, die im Iran, in Indien oder China wächst. Den Wirkstoff kann man auch im Labor herstellen. Er wird in Medikamenten verwendet.
Haschisch (Shit) ist ausgeschiedenes Harz der weiblichen Hanfpflanze. Haschisch wird als zusammengepresstes Pulver in Klumpen, Platten oder Krümeln angeboten. Je nach seinem Ursprungsland ist es rot, braun, grün oder schwarz gefärbt.
Marihuana (Gras) wird aus den zerriebenen Blüten und Blättern der weiblichen Hanfpflanze gewonnen. Es wird in Zigaretten geraucht, in die Pfeife gestopft, manchmal in Kekse eingebacken gegessen oder in Tee aufgelöst getrunken.
Wirkung: Glücksgefühle, gesteigerte Kontaktfreudigkeit, Halluzinationen, intensive Farb- und Tonwahrnehmung, große Risikobereitschaft wegen Überschätzung der eigenen Kräfte, aber auch Angstgefühle. Gefährlich sind die „flashbacks". Das sind Rauschzustände, die ohne erneuten Drogenkonsum auftreten, da im Körper noch Rauschgift deponiert sein kann.
Langzeitfolgen: Schlafstörungen, Unruhe, Händezittern, nachlassende Konzentrationsfähigkeit, Wahrnehmungsstörungen

LSD wird in der Regel synthetisch hergestellt. Es ist als farb-, geschmack- und geruchlose Flüssigkeit, als Kapseln oder Tabletten erhältlich. Es wird auf Löschpapier oder Würfelzucker getropft und eingenommen oder in Tabletten geschluckt.
Wirkung: schon bei 30 Mikrogramm, farbenprächtige Fantasiewelten, unkontrollierte Handlungen, große Risikobereitschaft, Halluzinationen, Wahnvorstellungen, Angst, Panik und Horrorzustände, geringste Überdosis führt zum „flashback"
Langzeitfolgen: Teilnahmslosigkeit, Intelligenzverlust, Konzentrationsschwäche, Leistungsabfall, seelische Erkrankungen

Speed (Amphetamine) wird in privaten Labors hergestellt. Es wird als weißes Pulver, aber auch in Pillen- und Kapselform gehandelt. Speed lässt sich schlucken, einschnüffeln oder einspritzen.
Wirkung: Steigerung des Ausdauervermögens, Verminderung des Müdigkeits- und Hungergefühls, bei höherer Dosierung Appetitlosigkeit, Kopfschmerzen, Übelkeit, bei Überdosis Kreislaufversagen, Bewusstlosigkeit bis hin zum Tod
Langzeitfolgen: Verfall des Körpers, Gewichtsverlust, Verlust des Bezugs zur Wirklichkeit, Schlaflosigkeit, Wahnvorstellungen, Herzerkrankungen, Hirnbluten

Ecstasy (Designerdroge) wird in privaten Labors aus verschiedenen Grundstoffen hergestellt. Es ist ein weißes kristallines Pulver, das in Tabletten-, Kapsel- oder Pillenform angeboten wird.
Wirkung: gesteigertes Selbstwertgefühl, Gefühle der Entspannung, Abbau von Hemmungen, geistige Klarheit, seelische Ausgeglichenheit, Mitgefühl gegenüber anderen, Gefühl unerschöpflicher Energie, bei Überdosis panikartige Angst, Verwirrtheit, Wahnvorstellungen
Langzeitfolgen: Erschöpfungszustand, Teilnahmslosigkeit, Schlaflosigkeit, Nerven- und Leberschäden, tiefe Traurigkeit

Kokain ist ein im Labor hergestellter Wirkstoff aus den Blättern des südamerikanischen Kokastrauches. Es wird als bitter schmeckendes kristallines Pulver angeboten, das in kleine Briefchen verpackt ist. Es wird eingeschnüffelt, manchmal in Wasser aufgelöst und eingespritzt, gelegentlich auch im Wechsel mit anderen Medikamenten oder mit Heroin eingenommen.
Crack ist erhitztes Kokain, das mit einer alkalischen Substanz, meist Backpulver, geraucht oder eingespritzt wird.
Wirkung: Erhöhung der Konzentrationsfähigkeit, fröhliche Stimmung, Hemmungslosigkeit, starkes Kontakt- und Redebedürfnis, Unterdrückung von Hunger- und Durstgefühl, danach Müdigkeit, Missmut, Gereiztheit und Angst, beim Spritzen Wahnideen, Halluzinationen, vermindertes Urteilsvermögen, bei Überdosis Verwirrtheit und Verfolgungswahn, Gefahr der Atemlähmung
Langzeitwirkung: Zerstörung der Nasenscheidewand, Geschwüre an den Nasenlöchern, Appetitmangel, Abmagerung, Herz- und Lungenerkrankungen, Leberschäden, Verwahrlosung, Verfolgungsängste, tiefe Traurigkeit, plötzliche Gewalttätigkeiten

Heroin wird aus Schlafmohn aus Vorder- und Ostasien gewonnen. Das zunächst entstehende Opium wird zu Morphium verarbeitet, welches dann in das halbchemische Heroin umgewandelt wird. Heroin wird als weißes, beiges oder hellbraunes Pulver angeboten, das in Wasser aufgelöst und in die Vene gespritzt werden kann. Es wird auch durch die Nase eingeschnupft oder auf Alufolie erhitzt und inhaliert.
Wirkung: Beseitigung unangenehmer Gefühle, Entstehung eines großen Glücksgefühls („flash"), danach Schläfrigkeit, Verlangsamung, verwaschene Sprache, bei Überdosis Bewusstseinseintrübung, Koma, Schock, Atemlähmung, Tod
Langzeitfolgen: Schäden an Gehirn und Leber, Magen- und Darmstörungen, Zerstörungen des Gebisses, Selbstmordgefahr, Verwahrlosung, Verelendung, Tod

Die Einnahme von Drogen verändert das Bewusstsein, die eigene Wahrnehmung sowie Reaktionen und Funktionen des Körpers!

1 a) Der Gebrauch von Drogen wie beispielsweise Alkohol oder Zigaretten hat auf den Menschen verschiedene Wirkungen. Ordne folgende Wirkungen der Tabelle zu:

Erhöhung der Konzentration – macht fröhliche Stimmung – führt zu Aggressionen – Verminderung der Reaktion – Unterdrückung des Hungergefühls – enthemmt – macht mutig – gesteigerte Kontaktfreudigkeit – macht kritiklos – betäubt – entspannt – erhöht Risikobereitschaft – Überschätzung der eigenen Kräfte – verhindert Stress

gute Eigenschaften	**schlechte Eigenschaften**

b) Ist eine eindeutige Zuordnung möglich? Diskutiere zwei Beispiele!

2) Beschrifte den Teufelskreis!

Gebrauch von Drogen – Sorgen, Angst, Stress – Rauschzustand – Ernüchterung

Folgenden Abbildungen kannst du entnehmen, wie ein Suchtmittel einen Menschen verändern kann. Ordne die Sprechblasen zu und trage die Sätze ein!

1.

Erstkontakt:

____

____

Ich muss bei jedem Mal mehr davon haben!

2.

Wiederholungszwang:

____

____

Jetzt haben sie mir die Arbeit gekündigt.

3.

Kontrollverlust:

____

____

Ich kann einfach nicht damit aussetzen!

4.

Dosissteigerung:

____

____

Ich denke nur noch an das schöne Erlebnis. Alles andere ist mir egal.

5.

Interessenabsorption:

____

____

Das möchte ich unbedingt noch einmal erleben!

6.

Abstinenzunfähigkeit:

____

____

Das hat mir supergut gefallen!

7.

gesellschaftlicher Abstieg:

____

____

Das will ich jetzt immer haben!

1 a) Lies das Erlebnis von Alexander in der Eisenbahn durch!

Erlebnis in der Eisenbahn

„Gestern habe ich etwas Merkwürdiges erlebt“, sagt Alexander.
„Also, wenn du schon was Merkwürdiges erlebt haben willst ...“, winkt Karla ab.
„Lass mich doch mal erzählen! Es war nämlich in der Eisenbahn.“
„Auch das noch!“
„Karla, jetzt lass ihn doch mal erzählen! Du musst ja nicht zuhören.“
„In der Eisenbahn ist gestern ein junger Mann auf mich zugekommen. Der sah eigentlich ganz nett aus. ‚Ich habe dich schon ein paar Tage lang beobachtet‘, hat er zu mir gesagt. ‚Du machst einen intelligenten Eindruck.‘“
„Da hat er sich aber getäuscht“, ruft Benjamin lachend dazwischen.
„Also, er hat wirklich gesagt: ‚Du machst einen intelligenten Eindruck.‘ Und dann hat er gefragt, ob ich Geld gebrauchen könnte. ‚Na klar‘, habe ich gesagt, ‚Geld kann jeder brauchen.‘ ‚Du könntest dir einen hübschen Batzen Geld verdienen‘, hat er gemeint. ‚An deiner Schule könntest du ein bisschen Hasch verkaufen.‘“
„Hasch verkaufen? Gibt es hier überhaupt jemand, der Hasch kaufen will?“
„Genau das habe ich auch gemeint. ‚An unserer Schule gibt es wahrscheinlich niemand, der Hasch haben will‘, habe ich ihm gesagt. Und da hat er gemeint, das könnte sich ändern. Er wollte mir kleine Päckchen mit Hasch geben. Die sollte ich heimlich auf dem Schulhof verteilen. Als Geschenk.“
„Hast du solche Päckchen mitgebracht? Ich hätte das gerne mal probiert.“
„Ja ja, das hat der junge Mann auch gesagt. Er hat gemeint, dass viele Leute an unserer Schule neugierig werden und das mal probieren wollen. ‚Nachher bezahlen sie auch was dafür‘, hat er gesagt. Ich soll dann am Umsatz beteiligt werden. Je mehr Hasch ich verkaufe, desto besser ist mein Lohn.“
„Und hast du seinen Vorschlag ... angenommen?“
„Zuerst habe ich ihn nach seinem Namen gefragt und wo er wohnt. Aber er wollte nichts verraten. Und dann habe ich ihm erklärt, dass ich kein Drogendealer werden will. Er hat mich ausgelacht, weil ich so eine tolle Gelegenheit zum Geldverdienen nicht wahrnehmen will. Und er hat gesagt: ‚Wenn du mich verpfeifst, geht es dir schlecht.‘ Aber ich weiß ja nicht mal seinen Namen!“
„Und dann?“
„Naja, ich musste dann aussteigen. Es kann aber sein, dass er mich irgendwann, wenn er mir im Zug noch einmal begegnet, wieder bedrängt und will, dass ich Hasch an unserer Schule verkaufe.“

b) Wie soll sich Alexander verhalten? Begründe deine Meinung!

c) Wie kann sich Alexander zukünftig vor dem Mann schützen?

8.1 Regeln, Ordnungen und Gesetze

Um in einer Gesellschaft friedlich miteinander leben zu können, braucht man Regeln, Ordnungen und Gesetze. An diese müssen sich alle Mitglieder der Gesellschaft halten.

1) Ordne zu!

1. Ordnungen	gelten bei Spielen.	Hausordnung
	gelten für eine Gruppe.	Fußball
2. Regeln	gelten für die Mitspieler eines Spieles.	Grundrechte
	gelten für alle.	Memory
3. Gesetze	werden vom Staat beschlossen.	Schulordnung
	werden z. T. nur von wenigen aufgestellt.	Jugendschutz

2 a) Lies die Schulordnung durch! Überlege, wann sie gegolten haben könnte.

Die Schule verlangt, dass jedes Kind sauber gewaschen, ordentlich gekämmt und in sauberer Kleidung in der Schule erscheint. Auch die Bücher und Hefte müssen sauber gehalten werden.

Die Kleinen schreiben mit einem Griffel auf die Tafel. Die Großen schreiben mit Tinte und einem Federhalter in ein Heft.

In die Pause gehen zuerst die Mädchen, danach die Buben.

Im Winter dauert die Schule von morgens bis abends. Jeder Schüler muss rechtzeitig zur Schule kommen und in seiner Bank über der Tafel und den Büchern stillsitzen und aufrechte Haltung einnehmen.

Geschwätz und Geschrei ist in der ganzen Schule verboten.

Nimmt einer dem anderen etwas weg, zerbricht etwas oder macht etwas kaputt, so wird er dafür bestraft.

Der Schulmeister soll kräftig die Rute gebrauchen, soll den Schülern aber nicht an den Haaren ziehen oder ihnen an den Kopf schlagen.

In und außerhalb der Schule müssen die Schüler zu allen Lehrern höflich und freundlich sein und sie auch grüßen.

Schreien, Pfeifen, Nachrufen, das Stein- und Schneeballwerfen auf der Straße, das Beschädigen von Telefonanlagen und das Ausnehmen von Vogelnestern ist streng verboten.

b) Vergleiche die gelesene Schulordnung mit der Schulordnung an deiner Schule!

1) Ordne zu!

unterdrücken – abstimmen – einer bestimmt – alle bestimmen – miteinander reden – Meinungen werden unterdrückt – Zwang – gleiches Recht für alle

a)

b)

2) Es gibt in der Schule verschiedene Dinge, bei denen du mitbestimmen kannst. Überlege, wie stark dein Mitbestimmungsrecht ist. Kreuze an!

	Mitbestimmungsrecht		
	stark	**gering**	**nicht vorhanden**
Klassensprecher			
Noten			
Klassenfahrt			
Pause			
Stundenplan			
Klassenlehrer			
Hausaufgaben			
Vertrauenslehrer			
Schulordnung			

8.3 Das Jugendrecht

Das Jugendrecht wird in verschiedene Bereiche unterteilt. Hierzu zählen die öffentliche Kinder- und Jugendhilfe, das Jugendschutzgesetz (z.B. das Gesetz zum Schutz der Jugend in der Öffentlichkeit), das Jugendarbeitsschutzgesetz und das Jugendstrafrecht.

**1) Finde heraus, welche Inhalte die oben genannten Gesetze haben.
Schreibe diese stichpunktartig auf!**

1. Jugendhilfe: ______________________________

____

2. Jugendschutzgesetz: ______________________________

____

3. Jugendarbeitsschutzgesetz: ______________________________

____

4. Jugendstrafrecht: ______________________________

____

**2) Im Bürgerlichen Gesetzbuch (BGB) erfährt man etwas zur Geschäftsfähigkeit von Kindern und Jugendlichen. Versuche, folgende Frage zu beantworten:
Gilt das Geschäft, wenn sich ein 9-Jähriger von seinem Taschengeld eine CD kauft?**

❍ ja ❍ nein Begründe in Stichpunkten: ______________________________

____

____

§ 1 [Beginn der Rechtsfähigkeit] Die Rechtsfähigkeit des Menschen beginnt mit der Vollendung der Geburt.

§ 104 [Geschäftsunfähigkeit] Geschäftsunfähig ist: 1. wer nicht das siebente Lebensjahr vollendet hat.

§ 107 [Einwilligung des gesetzlichen Vertreters] Der Minderjährige bedarf zu einer Willenserklärung, durch die er nicht lediglich einen rechtlichen Vorteil erlangt, der Einwilligung seines gesetzlichen Vertreters.

§ 108 [Vertragsschluss ohne Einwilligung] (1) Schließt der Minderjährige einen Vertrag ohne die erforderliche Einwilligung des gesetzlichen Vertreters, so hängt die Wirksamkeit des Vertrags von der Genehmigung des Vertreters ab.

§ 110 [„Taschengeldparagraph"] Ein von dem Minderjährigen ohne Zustimmung des gesetzlichen Vertreters geschlossener Vertrag gilt als von Anfang an wirksam, wenn der Minderjährige die vertragsmäßige Leistung mit Mitteln bewirkt, die ihm zu diesem Zwecke oder zu freier Verfügung von dem Vertreter oder mit dessen Zustimmung von einem Dritten überlassen worden sind.

1 a) Lies den Auszug des Gesetzes zum Schutz der Jugend (Jugendschutzgesetz – JuSchG) genau durch!

§ 4 Gaststätten
(1) Der Aufenthalt in Gaststätten darf Kindern und Jugendlichen unter 16 Jahren nur gestattet werden, wenn eine personensorgeberechtigte oder erziehungsbeauftragte Person sie begleitet oder wenn sie in der Zeit zwischen 5 Uhr und 23 Uhr eine Mahlzeit oder ein Getränk einnehmen. Jugendlichen ab 16 Jahren darf der Aufenthalt in Gaststätten ohne Begleitung einer personensorgeberechtigten oder erziehungsbeauftragten Person in der Zeit von 24 Uhr und 5 Uhr morgens nicht gestattet werden.
(2) Absatz 1 gilt nicht, wenn Kinder oder Jugendliche an einer Veranstaltung eines anerkannten Trägers der Jugendhilfe teilnehmen oder sich auf Reisen befinden.
(3) Der Aufenthalt in Gaststätten, die als Nachtbar oder Nachtclub geführt werden, und in vergleichbaren Vergnügungsbetrieben darf Kindern und Jugendlichen nicht gestattet werden.
(4) Die zuständige Behörde kann Ausnahmen von Absatz 1 genehmigen.

§ 5 Tanzveranstaltungen
(1) Die Anwesenheit bei öffentlichen Tanzveranstaltungen ohne Begleitung einer personensorgeberechtigten oder erziehungsbeauftragten Person darf Kindern und Jugendlichen unter 16 Jahren nicht und Jugendlichen ab 16 Jahren längstens bis 24 Uhr gestattet werden.
(2) Abweichend von Absatz 1 darf die Anwesenheit Kindern bis 22 Uhr und Jugendlichen unter 16 Jahren bis 24 Uhr gestattet werden, wenn die Tanzveranstaltung von einem anerkannten Träger der Jugendhilfe durchgeführt wird oder der künstlerischen Betätigung oder der Brauchtumspflege dient.
(3) Die zuständige Behörde kann Ausnahmen genehmigen.

§ 9 Alkoholische Getränke
(1) In Gaststätten, Verkaufsstellen oder sonst in der Öffentlichkeit dürfen
1. Branntwein, branntweinhaltige Getränke oder Lebensmittel, die Branntwein in nicht nur geringfügiger Menge enthalten, an Kinder und Jugendliche,
2. andere alkoholische Getränke an Kinder und Jugendliche unter 16 Jahren weder abgegeben noch darf ihnen der Verzehr gestattet werden.
(2) Absatz 1 Nr. 2 gilt nicht, wenn Jugendliche von einer personensorgeberechtigten Person begleitet werden.
(4) Alkoholhaltige Süßgetränke im Sinne des § 1 Abs. 2 und 3 des Alkopopsteuergesetzes dürfen gewerbsmäßig nur mit dem Hinweis „Abgabe an Personen unter 18 Jahren verboten, § 9 Jugendschutzgesetz" in den Verkehr gebracht werden. Dieser Hinweis ist auf der Fertigpackung in der gleichen Schriftart und in der gleichen Größe und Farbe wie die Marken- oder Fantasienamen oder, soweit nicht vorhanden, wie die Verkehrsbezeichnung zu halten und bei Flaschen auf dem Frontetikett anzubringen.

§ 10 Rauchen in der Öffentlichkeit
(1) In Gaststätten, Verkaufsstellen oder sonst in der Öffentlichkeit dürfen Tabakwaren an Kinder oder Jugendliche unter 16 Jahren weder abgegeben noch darf ihnen das Rauchen gestattet werden.

§ 11 Filmveranstaltungen
(1) Die Anwesenheit bei öffentlichen Filmveranstaltungen darf Kindern und Jugendlichen nur gestattet werden, wenn die Filme von der obersten Landesbehörde oder einer Organisation der freiwilligen Selbstkontrolle im Rahmen des Verfahrens nach
§ 14 Abs. 6 zur Vorführung vor ihnen freigegeben worden sind oder wenn es sich um Informations-, Instruktions- und Lehrfilme handelt, die vom Anbieter mit „Infoprogramm" oder „Lehrprogramm" gekennzeichnet sind.
(2) Abweichend von Absatz 1 darf die Anwesenheit bei öffentlichen Filmveranstaltungen mit Filmen, die für Kinder und Jugendliche ab zwölf Jahren freigegeben und gekennzeichnet sind, auch Kindern ab sechs Jahren gestattet werden, wenn sie von einer personensorgeberechtigten Person begleitet sind.
(3) Unbeschadet der Voraussetzungen des Absatzes 1 darf die Anwesenheit bei öffentlichen Filmveranstaltungen nur mit Begleitung einer personensorgeberechtigten oder erziehungsbeauftragten Person gestattet werden
1. Kindern unter sechs Jahren,
2. Kindern ab sechs Jahren, wenn die Vorführung nach 20 Uhr beendet ist,
3. Jugendlichen unter 16 Jahren, wenn die Vorführung nach 22 Uhr beendet ist,
4. Jugendlichen ab 16 Jahren, wenn die Vorführung nach 24 Uhr beendet ist.
(4) Die Absätze 1 bis 3 gelten für die öffentliche Vorführung von Filmen unabhängig von der Art der Aufzeichnung und Wiedergabe. Sie gelten auch für Werbevorspanne und Beiprogramme. Sie gelten nicht für Filme, die zu nichtgewerblichen Zwecken hergestellt werden, solange die Filme nicht gewerblich genutzt werden.
(5) Werbefilme oder Werbeprogramme, die für Tabakwaren oder alkoholische Getränke werben, dürfen unbeschadet der Voraussetzungen der Absätze 1 bis 4 nur nach 18 Uhr vorgeführt werden.

b) Markiere alle Stellen im Gesetz, die eine Altersbeschränkung beinhalten! Überlege, warum und vergleiche mit der Realität!

8.5 Das Jugendstrafrecht

Es gibt kein eigenes Jugendstrafgesetzbuch. Alle Straftaten sind nach dem allgemeinen Strafgesetzbuch definiert. Die Unterschiede liegen in der Art des Verfahrens sowie in den Folgen aus der Straftat. Diese werden im Jugendgerichtsgesetz (JGG) geregelt.

Lies die ausgewählten Paragraphen aus dem Jugendgerichtsgesetz (JGG) durch! Finde heraus, welche Strafen für Jugendliche ausgesprochen werden können!

§ 1 Persönlicher und sachlicher Anwendungsbereich (1) Dieses Gesetz gilt, wenn ein Jugendlicher oder ein Heranwachsender eine Verfehlung begeht, die nach den allgemeinen Vorschriften mit Strafe bedroht ist. (2) Jugendlicher ist, wer zur Zeit der Tat vierzehn, aber noch nicht achtzehn, Heranwachsender, wer zur Zeit der Tat achtzehn, aber noch nicht einundzwanzig Jahre alt ist.

§ 5 Die Folgen der Jugendstraftat (1) Aus Anlass der Straftat eines Jugendlichen können Erziehungsmaßregeln angeordnet werden.
(2) Die Straftat eines Jugendlichen wird mit Zuchtmitteln oder mit Jugendstrafe geahndet, wenn Erziehungsmaßregeln nicht ausreichen.
(3) Von Zuchtmitteln und Jugendstrafe wird abgesehen, wenn die Unterbringung in einem psychiatrischen Krankenhaus oder einer Entziehungsanstalt die Ahndung durch den Richter entbehrlich macht.

§ 7 Maßregeln der Besserung und Sicherung Als Maßregeln der Besserung und Sicherung im Sinne des allgemeinen Strafrechts können die Unterbringung in einem psychiatrischen Krankenhaus oder einer Entziehungsanstalt, die Führungsaufsicht oder die Entziehung der Fahrerlaubnis angeordnet werden.

§ 10 Weisungen (1) Weisungen sind Gebote und Verbote, welche die Lebensführung des Jugendlichen regeln und dadurch seine Erziehung sichern sollen. Dabei dürfen an die Lebensführung des Jugendlichen keine unzumutbaren Anforderungen gestellt werden. Der Richter kann dem Jugendlichen insbesondere auferlegen,
1. Weisungen zu befolgen, die sich auf den Aufenthaltsort beziehen,
2. bei einer Familie oder in einem Heim zu wohnen,
3. eine Ausbildungs- oder Arbeitsstelle anzunehmen,
4. Arbeitsleistungen zu erbringen,
5. sich der Betreuung und Aufsicht einer bestimmten Person (Betreuungshelfer) zu unterstellen,
6. an einem sozialen Trainingskurs teilzunehmen,
7. sich zu bemühen, einen Ausgleich mit dem Verletzten zu erreichen (Täter-Opfer-Ausgleich),
8. den Verkehr mit bestimmten Personen oder den Besuch von Gast- oder Vergnügungsstätten zu unterlassen oder
9. an einem Verkehrsunterricht teilzunehmen.

§ 12 Hilfe zur Erziehung Der Richter kann dem Jugendlichen nach Anhörung des Jugendamts auch auferlegen unter den im Achten Buch Sozialgesetzbuch genannten Voraussetzungen Hilfe zur Erziehung
1. in Form der Erziehungsbeistandschaft im Sinne des § 30 des Achten Buches Sozialgesetzbuch oder
2. in einer Einrichtung über Tag und Nacht oder in einer sonstigen betreuten Wohnform
in Anspruch zu nehmen.

§ 14 Verwarnung Durch die Verwarnung soll dem Jugendlichen das Unrecht der Tat eindringlich vorgehalten werden.

§ 15 Auflagen (1) Der Richter kann dem Jugendlichen auferlegen,
1. nach Kräften den durch die Tat verursachten Schaden wieder gutzumachen,
2. sich persönlich bei dem Verletzten zu entschuldigen,
3. Arbeitsleistungen zu erbringen oder
4. einen Geldbetrag zugunsten einer gemeinnützigen Einrichtung zu zahlen.
Dabei dürfen an den Jugendlichen keine unzumutbaren Anforderungen gestellt werden.

§ 16 Jugendarrest (1) Der Jugendarrest ist Freizeitarrest, Kurzarrest oder Dauerarrest. (2) Der Freizeitarrest wird für die wöchentliche Freizeit des Jugendlichen verhängt und auf eine oder zwei Freizeiten bemessen. (3) Der Kurzarrest wird statt des Freizeitarrestes verhängt, wenn der zusammenhängende Vollzug aus Gründen der Erziehung zweckmäßig erscheint und weder die Ausbildung noch die Arbeit des Jugendlichen beeinträchtigt werden. Dabei stehen zwei Tage Kurzarrest einer Freizeit gleich. (4) Der Dauerarrest beträgt mindestens eine Woche und höchstens vier Wochen. Er wird nach vollen Tagen oder Wochen bemessen.

§ 17 Form und Voraussetzungen (1) Die Jugendstrafe ist Freiheitsentzug in einer Jugendstrafanstalt. (2) Der Richter verhängt Jugendstrafe, wenn wegen der schädlichen Neigungen des Jugendlichen, die in der Tat hervorgetreten sind, Erziehungsmaßregeln oder Zuchtmittel zur Erziehung nicht ausreichen oder wenn wegen der Schwere der Schuld Strafe erforderlich ist.

§ 18 Dauer der Jugendstrafe (1) Das Mindestmaß der Jugendstrafe beträgt sechs Monate, das Höchstmaß fünf Jahre. Handelt es sich bei der Tat um ein Verbrechen, für das nach dem allgemeinen Strafrecht eine Höchststrafe von mehr als zehn Jahren Freiheitsstrafe angedroht ist, so ist das Höchstmaß zehn Jahre. Die Strafrahmen des allgemeinen Strafrechts gelten nicht. (2) Die Jugendstrafe ist so zu bemessen, dass die erforderliche erzieherische Einwirkung möglich ist.

9.1 Das Wahlrecht

In Deutschland gibt es das allgemeine, gleiche, unmittelbar, freie und geheime Wahlrecht.

1) Setze die Überschriften ein!

Allgemeines Wahlrecht – Gleiches Wahlrecht – Unmittelbares Wahlrecht – Freies Wahlrecht – Geheimes Wahlrecht

____

Die Wähler bestimmen ihre Abgeordneten direkt. Es werden keine Wahlmänner gewählt, die dann die Abgeordneten wählen.

____

Gleichgültig ob Mann oder Frau, ob reich oder besitzlos, ob gebildet oder nicht, ob evangelisch oder katholisch oder muslimisch oder einer anderen Religionsgemeinschaft zugehörig: Wer das Alter von achtzehn Jahren erreicht hat, die deutsche Staatsbürgerschaft innehat, in Deutschland seinen Wohnsitz hat und im Besitz der geistigen Kräfte ist, hat das Recht, an einer Wahl teilzunehmen.

____

Niemand darf gezwungen werden, zu wählen oder bei der Wahl unter Druck gesetzt werden. Auch eine absichtlich ungültige Stimmabgabe oder überlegte Nicht-Wahl sind Zeichen einer politischen Haltung.

____

Jeder hat das Recht, seine Wahlentscheidung unbeobachtet und unabhängig zu treffen.

____

Jede Wählerstimme hat das gleiche Gewicht. Die Stimme eines Millionärs ist genauso viel wert wie die eines Arbeitslosengeld-II-Empfängers, die Stimme eines Mannes ist genauso viel wert wie die einer Frau usw.

2) Sprecht darüber, was mit allgemeinem, gleichem, unmittelbarem, freiem und geheimem Wahlrecht gemeint ist.

3) Was könnte geschehen, wenn die Wahlen nicht geheim wären?

Wir wollen herausfinden, wie die Menschen in der Vergangenheit und Gegenwart ihre Regierung bestimmten bzw. bestimmen.

Setze ein: *Anführer – Entscheidungen – König – Stimme – Vertreter*

1. Bei den Steinzeitmenschen wird der kräftigste und geschickteste Jäger zum ________________.
   Eine Wahl ist nicht nötig.

2. Die Germanen wählen beim Thing (Versammlung) ihren König. Jeder Mann hat eine ____________.

3. Karl der Große wird __________, weil sein Vater König war. Eine Wahl gibt es nicht.

4. In den Schweizer Urkantonen kann jeder bei politischen ____________________ mitwirken.

5. Im Wahllokal in Deutschland wählt man einen ______________, der die politischen Entscheidungen trifft.

Lies die Wahlprogramme der unterschiedlichen Parteien!
Unterstreiche die Hauptargumente jeder Partei!
Womit versuchen die Parteien, die Wähler zu überzeugen?

1

Freizeit-Partei

Wir sind der Auffassung, dass die Schülerinnen und Schüler viel zu lange in die Schule gehen und deswegen die Lust am Lernen verlieren. Zwei Stunden Unterricht pro Tag genügen. Wer mehr lernen will, der soll das freiwillig am Computer tun.

Daher Freizeit-Partei wählen!

2

Radfahrer-Partei

Autos schädigen die Umwelt. Wir sind dafür, dass das Autofahren so teuer wird, dass es sich niemand mehr leisten kann. Die Bürgerinnen und Bürger sollen stattdessen wieder mit Bussen oder mit der Bahn reisen. Auf Wunsch soll jeder Bürger ein modernes Fahrrad erhalten.

Wählen Sie die Radfahrer-Partei!
Wählen Sie eine saubere Umwelt!

3

Partei der freien Kippe

Wir sind der Meinung, dass das Rauchverbot an den Schulen unbedingt aufgehoben werden muss. Dann kann das entwürdigende Rauchen in den Raucherecken endlich aufhören. Ab 12 Jahren ist der Konsum von Zigaretten in der Öffentlichkeit zu gestatten.

Daher jede Stimme der Partei der freien Kippe!

4

Freie-Fahrt-Partei

Bus- und Bahnfahren verschlingt viel Geld. Jugendliche sind finanziell benachteiligt und sollen daher überall in Deutschland freie Fahrt in allen Bussen und Eisenbahnen haben. Die Freie-Fahrt-Partei erhöht die Mobilität der jungen Leute ab dem 12. Lebensjahr.

Daher für die Freie-Fahrt-Partei stimmen!

Lies weitere Wahlprogramme! Welcher Partei gibst du deine Stimme? Entscheide!

5

Pinke-Pinke-Partei

Heranwachsende brauchen Geld. Oft beschaffen sie es sich auf kriminelle Art, wenn die Eltern ihnen kein Geld geben. Deswegen befürworten wir ein vom Staat garantiertes monatliches festes Taschengeld für jeden Jugendlichen ab dem 12. Lebensjahr von 100 Euro monatlich.

Die Pinke-Pinke-Partei wählen – für zufriedene und finanzkräftige Jugendliche!

6

Urlaubs-Partei

Zur gründlichen Erholung von den schulischen Anstrengungen muss unserer Ansicht nach jede Schülerin/jeder Schüler einen dreiwöchigen staatlich finanzierten Urlaub am Mittelmeer an einem Ort der freien Wahl erhalten. Für erholte und damit lernwillige Schülerinnen und Schüler!

Der Urlaubs-Partei die Stimme geben!

Stimmzettel

Sie haben eine Stimme.
Machen Sie nur ein Kreuz!

1	**Freizeit-Partei**	◯
2	**Radfahrer-Partei**	◯
3	**Partei der freien Kippe**	◯
4	**Freie-Fahrt-Partei**	◯
5	**Pinke-Pinke-Partei**	◯
6	**Urlaubs-Partei**	◯

Setze ein: *Bürgermeister – Bundeskanzler – Bundespräsidenten – Landrat – Bundestagsabgeordneten – Kreistagsabgeordneten – Ministerpräsident – Landtagsabgeordneten – Stadtparlament*

Bundestagswahl

In den Bundestag werden die ______________________ gewählt. Sie wählen den

_________________, der die Politik bestimmt, und den _________________________,

der Deutschland nach außen vertritt. Der Bundeskanzler und seine Bundesminister werden von den Bundestagsabgeordneten kontrolliert.

Welche Parteien haben die Mehrheit in der Bundesrepublik Deutschland?

____

Landtagswahl

Bei der Landtagswahl werden die _____________________, die ein Bundesland regieren, gewählt.

An der Spitze der Landesregierung steht der _______________. Er und seine Minister werden von den Landtagsabgeordneten kontrolliert.

Welche Parteien haben die Mehrheit in eurem Bundesland?

____

Kreistagswahl

Hier werden die ________________________________ gewählt. An der Spitze des Kreises steht

der ___________________________. Er wird von den Kreistagsabgeordneten kontrolliert.

Welche Parteien haben die Mehrheit in eurem Kreistag?

____

Kommunalwahl

Gewählt werden die Gemeindevertreter oder die Stadtverordneten. Sie bilden das Gemeinde- oder

____________________. An der Spitze der Stadt oder Gemeinde steht der

____________________, dem der Magistrat zur Seite steht. Die Stadtverordneten oder Gemeindevertreter kontrollieren den Bürgermeister.

Welche Parteien haben die Mehrheit in eurem Kommunalparlament?

____

Seite 3

1a) Hilfreiche Sätze: Gewalt ist keine Lösung! Ich lasse mich nicht provozieren! Du hast heute einen schlechten Tag! Ich höre mir erst einmal die Gegenseite an! Das hab ich auch schon einmal erlebt! O.K. Ich gebe nach! Streiten gehört zum Leben dazu! Bei Unstimmigkeiten sollte es gerecht zugehen!

Seite 6

1c)

Vergehen	Maßnahme früher	Maßnahme in meiner Schule
im Unterricht reden	Der Schüler wurde am Ohr gezupft.	
vorlaut sein	Der Schüler erhielt Schläge mit einem Rohrstock.	
mit dem Kopf wackeln/zappeln	Dem Schüler wurde auf die Finger gehauen.	
nicht an die Tafel schauen	Der Schüler musste sich in die Ecke stellen.	
aufmucken/ sich widersetzen	Der Schüler musste sich in die Ecke stellen.	

Seite 7

1a) Auf der Ritterburg
Ich heiße Arnulf, bin sieben Jahre alt und wohne auf einer Ritterburg. Nein, nicht bei meinen Eltern. Vor Kurzem hat mein Vater mich hierher, **auf die Burg seines Freundes**, gebracht. Jetzt bin ich erst einmal Page. Ich bediene hier meine Herrin, **die Frau des Ritters**. Wenn ich 14 Jahre alt bin, werde ich Knappe. Dann lerne ich alles, **was später ein Ritter können muss**: Reiten, Jagen und im Turnier kämpfen. Mit 21 Jahren bekomme ich dann den Ritterschlag. Dann bin ich ein richtiger Ritter. Ihr wollt wissen, **wo ich Schreiben und Lesen lerne**? Lächerlich! Wozu denn so etwas? Ein Ritter muss ein tüchtiger Krieger sein. Das ist viel wichtiger als Schreiben und Lesen.
Ihr wollt wissen, warum ich nicht bei meinen Eltern wohne? Bei uns Rittern ist das so: Sie behalten **ihre Söhne alle nicht bei sich** zu Hause. Da würden sie nur verzärtelt und verwöhnt. Die Söhne meines Herrn **wohnen auf anderen Ritterburgen** hier in der Nähe. Nur die **Töchter dürfen bei ihrer Mutter** bleiben. Da lernen sie Weben, Nähen und auch Sticken.

2a) In einer mittelalterlichen Stadt
Ich heiße Kuno und bin sieben Jahre alt. Ich wohne in einer Stadt, die mit einer hohen Stadtmauer umgeben ist. Mein Vater ist Schuhmachermeister. In unserem Haus leben meine fünf Geschwister, meine Eltern, Großeltern, Verwandten und die Schuhmachergesellen. Im Erdgeschoss befindet sich die Schuhmacherwerkstatt, wo den ganzen Tag über fleißig gearbeitet wird. Unten in der Werkstatt ist auch der Herd, auf dem meine Mutter mit den Frauen des Hauses das Essen zubereitet. Oben sind die Schlafräume. Auf dem Dachboden bewahren wir das Heu und das Stroh für unsere Ziegen auf. Die Ziegen wohnen zusammen mit den Schweinen im Kellergewölbe. Draußen vor der Stadt haben wir einige Äcker und Gärten.
Jetzt bin ich alt genug, um in der Werkstatt zu helfen. Ich lerne alles über die Schuhmacherei, was ich später wissen muss. Nach der Lehre gehe ich einige Jahre lang als Wanderbursche in verschiedene fremde Städte und arbeite als Schuhmachergeselle.
Meine Schwestern bleiben im Elternhaus, bis sie heiraten.
Ob ich Schreiben und Lesen lerne? Das ist doch völlig unnötig. Bücher gibt es ja doch nur in der Kirche. Es reicht aus, wenn der Pfarrer darin lesen kann.

Seite 8

	Gretchen	Marie-Louise
Wohnsituation	Bauernhof, wenig Platz	Villa, viel Platz, eigene Räume
Familienleben	eng verbunden mit Eltern und Verwandten	voneinander getrennt, wenig Berührungspunkte mit den Eltern
Arbeitsteilung/ Geschlechterrollen	weniger festgelegt, alle – Frauen und Männer – arbeiten hart	streng festgelegt, Marie-Louise wird darauf vorbereitet, zu heiraten, ihr Bruder soll Offizier werden
Erziehung/ Schulbildung	Lernen durch Arbeiten, Gretchen geht nur unregelmäßig zur Schule, Schulbildung ist auf dem Bauernhof nicht so wichtig	Lernen durch Unterricht, Marie-Louise hat einen Hauslehrer und wird auf ein Pensionat gehen, sie lernt nicht nur Schreiben und Lesen, sondern auch Fremdsprachen

Seite 9

1) Koki aus Kenia erzählt:
Ich wohne in einem Dorf in der **Savanne**. Morgens um halb sechs, wenn es noch dunkel ist, treibe ich mit meinem Bruder unsere Rinder zum **Wasserloch**. Das machen wir vor der Schule. Ich gehe gerne zur Schule, auch wenn wir jetzt noch zwei **Stunden** laufen müssen. In der Schule kann man viel lernen. Ich bin eins von den wenigen **Mädchen**, die zur Schule gehen dürfen. Unsere Eltern haben Arbeit und verdienen genug, um das **Schulgeld** für meinen Bruder und mich zu bezahlen. Viele Kinder können nicht zur Schule gehen, weil die **Eltern** kein Geld dafür haben. Ich besitze sogar ein richtiges **Heft**, aber das darf ich niemals mit nach Hause nehmen, weil es dort schmutzig werden könnte. Ein Buch besitze ich nicht. Und dabei würde ich so gerne mal in einem richtigen **Buch** lesen.
Unsere Schule befindet sich unter einem großen **Baum**. In seinem **Schatten** sitzen alle Jungen und Mädchen. Die **Tafel** ist am Baumstamm befestigt. Wer kein Heft hat, schreibt mit einem Stock auf den **Boden**. Mittags gibt es immer **Maisbrei**. Den kocht eine Frau für uns in einem eisernen **Kessel** auf einem offenen Feuer zwischen drei Steinen. Nach dem Essen geht die Schule noch bis nachmittags um vier Uhr weiter. Auf dem Heimweg, der natürlich wieder zwei Stunden dauert, holen wir unsere Rinder am Wasserloch ab und treiben sie nach Hause. Unser Dorf besteht aus fünfzehn **Lehmhütten**, die keine Fenster haben. Das Dorf ist von einer dichten **Dornenhecke** umgeben. Die Hecke hält die wilden **Tiere** draußen. Unsere **Rinder** sind nachts natürlich im Dorf.

Seite 11

1) Die Beschäftigung von Kindern, die noch nicht 15 Jahre alt sind, ist verboten. Ausnahmen von diesem Verbot regeln das Gesetz zum Schutz der arbeitenden Jugend und die Verordnung über den Kinderarbeitsschutz.
Die biologische Entwicklung von Kindern ist noch nicht abgeschlossen. Kinder, die arbeiten, haben daher hohe Gesundheitsrisiken. Zusätzlich wirkt sich Kinderarbeit negativ auf die Schulbildung aus, denn den arbeitenden Kindern fehlen die Energie und die Zeit, um zu lernen. – Kinderarbeit, wie es sie früher gab, behindert also die körperliche und geistige Entwicklung. Darum ist Kinderarbeit in Deutschland verboten.

2) Der Kinderschutzbund will Kinder stark machen, ihre Fähigkeiten fördern und ihre Stimme hören. Er wendet sich aktiv gegen jede Form von Benachteiligung, Diskriminierung und Ausgrenzung von Kindern. Neben der Öffentlichkeitsarbeit zur Verwirklichung der Kinderrechte bieten die Orts- und Kreisverbände in Städten und Gemeinden Spaß, Unterstützung und Hilfe für Kinder und Familien. Zu den Aktivitäten des Kinderschutzbundes gehören unter anderem Schülerhilfegruppen, therapeutische Kindergruppen, Ferienaktivitäten, telefonische Beratung, ein pädagogischer Mittagstisch und ein Elterncafé.

3) Die deutsche Kindernothilfe unterstützt rund 200.000 Kinder und Jugendliche in Afrika, Asien, Lateinamerika und Osteuropa. Ihr Ziel ist es, die Lebensbedingungen von Not leidenden Kindern in den ärmsten Regionen der Welt zu verbessern. Eine gesunde Ernährung, medizinische Versorgung und der Besuch einer Schule oder Ausbildungsstätte stehen dabei im Vordergrund.

Seite 13

1)
1 Ägypten
2 Babylon
3 Israel
4 Griechenland
5 Rom
6 Deutschland

Seite 14

1)

1. Objekt des Mitleids	2. Bedrohung
3. ewiges Kind	4. Objekt der Lächerlichkeit
5. Heiliger	6. Kranker

3) Die Schüler können zum Beispiel über
a) beschützende Werkstätten, besondere Berufsausbildungen,
b) Sonderschulen (Spezialschulen) oder
c) die Paralympics
berichten.

Seite 17

1) Der Tauschhandel
In alten Zeiten hat niemand **Geld** benötigt. Jede **Familie** erzeugte selbst, was sie zum Leben brauchte. Man aß das Gemüse und die **Früchte** des eigenen Feldes und des eigenen **Gartens**. Fleisch und **Milch** bezog man von den eigenen Tieren. Die **Kleidung** konnte man aus der Wolle der eigenen **Schafe** oder aus dem selbst angebauten Flachs herstellen. Wollte man Häuser, Ställe oder **Scheunen** bauen, dann holte man sich das **Holz** aus dem eigenen Wald und die **Steine** aus dem eigenen Steinbruch. Und wenn man vom Schmied eine **Axt** oder einen Pflug oder einen neuen **Wagen** vom Wagner brauchte, dann entlohnte man ihn zum Beispiel mit Getreide oder einer **Kuh**. Die **Menschen** kauften nicht, sondern tauschten ihre Waren. Bei **Naturvölkern** gibt es diesen Warentausch noch heute.

2) Der direkte Tausch wäre bei unserer heutigen Arbeitsteilung aus mehreren Gründen umständlich:
1. Wenn man etwas haben möchte, muss man beim direkten Tausch einen bestimmten Partner finden, der das Gut liefern kann, und der gleichzeitig bereit ist, das Gut, was man selber bieten kann, anzunehmen.
2. Man muss sich mit dem Tauschpartner über den Tauschwert der verschiedenen Güter einig werden. (Geld macht den Wert von Gütern und Dienstleistungen vergleichbar.)
3. Viele Güter sind nicht oder nur beschränkt teilbar.
Mit dem allgemein begehrten Tauschmittel Geld umgehen wir all diese Schwierigkeiten.

Seite 18

1b) Geld ist wertlos in Randsituationen des Lebens („am Rande des Grabes“), in Gegenden, wo es keine Waren bzw. Menschen gibt oder wo Geld nicht als Zahlungsmittel anerkannt ist.

2) Der Text lautet: „Geld hat nur dann einen Wert, wenn Waren vorhanden sind, die man damit kaufen kann.“

3) Geld kann gegen jedes Gut getauscht werden und jedes Gut gegen Geld. Man muss also nicht mehr jemanden finden, der das Gut liefern kann, was man gerne haben möchte, und der gleichzeitig bereit ist, das Gut, was man selber bieten kann, anzunehmen.

Seite 19
1)

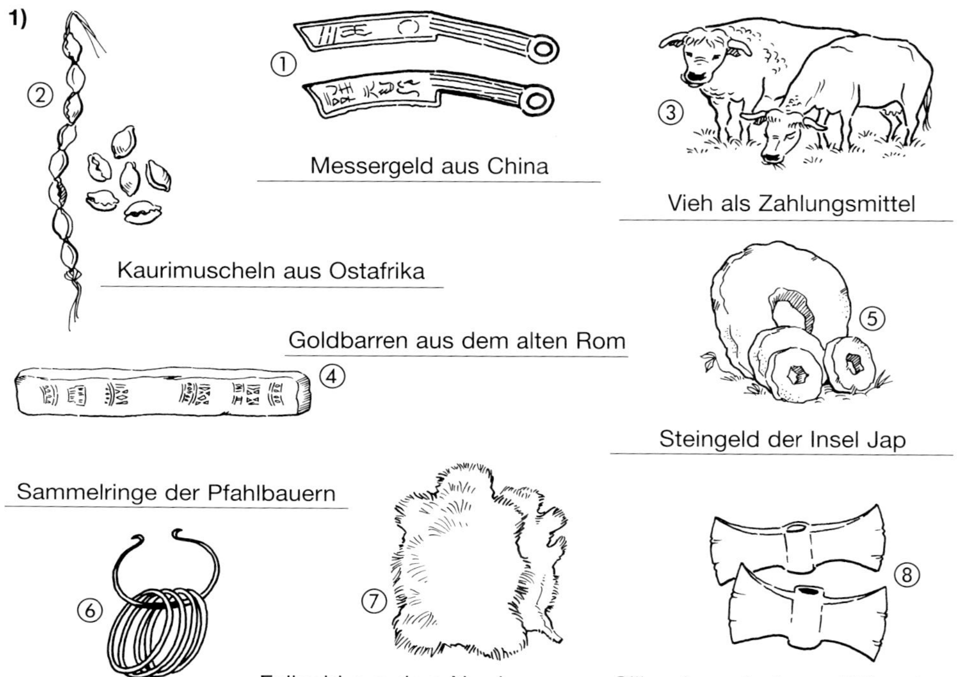

① Messergeld aus China
② Kaurimuscheln aus Ostafrika
③ Vieh als Zahlungsmittel
④ Goldbarren aus dem alten Rom
⑤ Steingeld der Insel Jap
⑥ Sammelringe der Pfahlbauern
⑦ Fellgeld aus dem Norden
⑧ Silberdoppelaxt aus Altägypten

Seite 20

1b)

							W										
					S	T	A	A	T								
G	E	L	D	F	Ä	L	S	C	H	E	R						
				F	A	L	S	C	H	M	Ü	N	Z	E	R	E	I
						G	E	L	D								
			B	E	S	T	R	A	F	U	N	G					
				M	Ü	N	Z	E	N								
			B	L	Ü	T	E	N									
F	A	R	B	K	O	P	I	E	R	E	R						
		G	E	L	D	S	C	H	E	I	N	E					
		F	A	L	S	C	H	G	E	L	D						
			P	A	P	I	E	R	G	E	L	D					
		P	R	Ä	G	U	N	G									

2) Die folgenden Länder haben seit dem 1. Januar 2002 den Euro als gemeinsame Währung eingeführt: Belgien, Deutschland, Finnland, Frankreich, Griechenland, Irland, Italien, Luxemburg, Niederlande, Österreich, Portugal, Spanien. (Die „Zwergstaaten“ Andorra, Monaco, San Marino und Vatikanstaat haben aufgrund ihrer früheren Währungsunion mit Frankreich bzw. Italien auch den Euro als Währung.)

Seite 21

1b) 1 kg Äpfel: 200 000 000 000 Mark   1 kg Schmalz: 6 000 000 000 000 Mark

2b) Der Satz lautet: „Sparen heißt, in guten Zeiten nicht alles verbrauchen, damit man in schlechten Zeiten nicht Not leidet.“

Seite 22

[I] „Ich bekomme Rente, wenn ich alt bin und nicht mehr arbeiten kann.“
[E] „Wenn ich alt bin, sorgen meine Kinder für mich. Deswegen habe ich viele Kinder.“

[E] „Fabriken gibt es bei uns kaum, man verdient dort einen Hungerlohn. Die meisten Leute arbeiten in der Landwirtschaft.“
[I] „Ich verdiene gutes Geld in der Fabrik.“

[E] „Gute Straßen gibt es bei uns kaum. Wozu auch, wenn es kaum Autos gibt?“
[I] „Ich kann jeden Ort in unserem Land mit meinem Auto erreichen.“

[E] „Wir haben in unserem Land nur wenige Eisenbahnen.“
[I] „Bei uns gibt es viele gute Bahnverbindungen.“

[I] „Bei uns gibt es genügend Ärzte und viele gute Krankenhäuser.“
[E] „Ich muss ein paar Tage lang wandern, um einen Arzt oder ein Krankenhaus zu erreichen.“

Seite 23

1) Mit diesem Satz hat die Bundesrepublik Deutschland die Verpflichtung übernommen, Menschen aufzunehmen, die wegen ihrer politischen **Überzeugung, Religion, Rasse** oder **Zugehörigkeit** zu einer bestimmten **Volksgruppe** in ihrem Land begründete Furcht vor staatlichen Verfolgungsmaßnahmen haben. Das **Bundesministerium** des Innern ist für das **Asylrecht** zuständig. Nach den gesetzlichen Vorschriften entscheidet das Bundesamt für die Anerkennung ausländischer Flüchtlinge (BAFl) über den Antrag eines Asylbewerbers. Wird der Antrag abgelehnt, kann die Hilfe eines **Verwaltungsgerichts** angerufen werden. Wird der Antrag erneut abgelehnt, kann der Asylbewerber in sein **Heimatland** abgeschoben werden. Wird der Antrag anerkannt, erhält der Asylberechtigte (jetzt nicht mehr Asylbewerber) eine dauerhafte **Aufenthaltserlaubnis** und einen Flüchtlingsausweis. Das berechtigt ihn zu kostenlosen **Deutschkursen** und begründet einen Anspruch auf **Sozialleistungen**. Außerdem kann er jetzt seinen **Wohnort** frei wählen.

2a) Grundrecht auf Asyl haben politisch Verfolgte, d. h., Menschen, denen wegen ihrer a) politischen Überzeugung, b) ihrer Religion, c) ihrer Rasse oder d) ihrer Zugehörigkeit zu einer bestimmten Volksgruppe in ihrem Land staatliche Verfolgungsmaßnahmen drohen. Allgemeine Notsituationen (z. B. Armut, Naturkatastrophen, Bürgerkriege) werden dagegen als Gründe für eine Asylgewährung nicht anerkannt.

Seite 24

1. politischer Flüchtling	2. Wirtschaftsflüchtling
3. politischer Flüchtling	4. politischer Flüchtling
5. Wirtschaftsflüchtling	6. beides möglich, je nach Begründung

Seite 25

1) Schwierigkeiten können z. B. ungewohntes Essen, Heimweh, Einsamkeit und beengte Wohnverhältnisse im Asylantenheim sein.

Seite 27

1a)
1. Luftverschmutzung
2. Wasserverschmutzung
3. Lärm

1b)
Luftverschmutzung: Die Luft enthält giftige Abgase. Menschen und Tiere atmen sie ein und Pflanzen nehmen sie auf. Krankheiten und Entwicklungsstörungen sind die Folge.

Wasserverschmutzung: Das Wasser enthält schädliche, giftige Stoffe. Pflanzen und Tiere – besonders Fische – sterben. Der Mensch wird krank.

Lärm: Der zunehmende Lärm stört den Menschen bei der Arbeit und in seiner Freizeit. Er kann sich nicht richtig erholen. Eine Dauerbelastung durch Lärm kann krank machen. Auch für Tiere ist Lärm eine Belastung.

2)
Luftverschmutzung verringern: alternative Heizenergien benutzen, Filteranlagen in Fabriken einbauen, umweltschonend Auto fahren (Geschwindigkeit und Notwendigkeit!), den Motor eines Autos nicht unnötig laufen lassen, Heizung jährlich überprüfen lassen ...

Wasserverschmutzung verringern: moderne Kläranlagen bauen, kein Öl in das Wasser leiten (d. h. z. B. sichere Tanker bauen), Abwasser von Fabriken (z.B. Chemikalien) nicht in Flüsse oder ins Meer leiten ...

Lärmbelastung verringern: Lärmschutzwälle an Flughäfen oder viel befahrenen Autobahnen bauen, Nachtstartverbot von Flugzeugen ...

Seite 28

1) Menschen, **Tiere** und Pflanzen sind auf die Natur angewiesen: Sie brauchen **Wasser** zum Leben und Luft zum **Atmen**.
Immer mehr Autos „pusten" jedoch ihre Abgase in die **Luft**. Fabriken setzen Mengen von **Gasen** durch hohe Schornsteine frei. Auch die besten Filter können diese Gase nicht 100-prozentig **reinigen**. Die Folgen sind u. a. **Waldsterben**, verschiedene Erkrankungen von Mensch und Tier sowie die Schädigung von **Bauwerken**.

Auch das Wasser wird immer weiter verschmutzt. **Ölkatastrophen** durch Tankerunfälle, das Zuführen von ungefiltertem Schmutz- und Kühlwasser von **Fabriken** sowie die Entsorgung von Müll in Flüssen und im Meer sind nur einige Gründe dafür.
Durch **Verpackungen** und Massenkonsum entsteht immer mehr Müll. Ihn richtig zu entsorgen, kostet viel Geld. Einige Menschen versuchen daher, den Müll auf andere Weise zu entsorgen. Es entstehen beispielsweise wilde **Müllkippen**. Dort bleibt der Müll liegen und sondert teilweise **Giftstoffe** ab.

Ein weiterer Aspekt ist der zunehmende Lärm: Die **Geräuschbelastung** nimmt immer mehr zu. Schuld daran ist der wachsende **Verkehr** und immer weniger Rücksichtsnahme auf die Mitmenschen (z. B. wird in der Mittagszeit Rasen gemäht). Dies führt letztlich zu vermehrtem **Stress** bei Menschen und Tieren.

Seite 29

1)

Müllsorte	**richtige Entsorgung**
Papier	entsprechende Tonne oder Sammelbehälter
Essensreste	Hausmülltonne
Batterien	Batterieannahmestellen (überall dort, wo man Batterien kaufen kann)
Gartenabfälle	Biotonne, Komposthaufen, Sammelstellen
Elektrogeräte	Sammelstellen
alte Möbel	Sperrmüllsammlung
Farben und Lacke	Sammelstelle für Sondermüll
Arzneimittel	Sammelstelle für Sondermüll oder Apotheke
Gemüsereste	Biotonne, Komposthaufen
Plastikbecher	entsprechende Tonne oder Säcke
Verpackungen aus Alu	entsprechende Tonne oder Säcke, Schrotthändler
Flaschen	Sammelcontainer

2)
7 Mutterboden
5 Kontrollhaus
8 Planierraupe
4 Zwischenabdeckung
1 abgedichteter Untergrund
9 Müllwagen
2 Rohre für Sickerwasser
6 Grundwasser
3 Müllschicht (ca. 2 m dick)
10 Bepflanzung

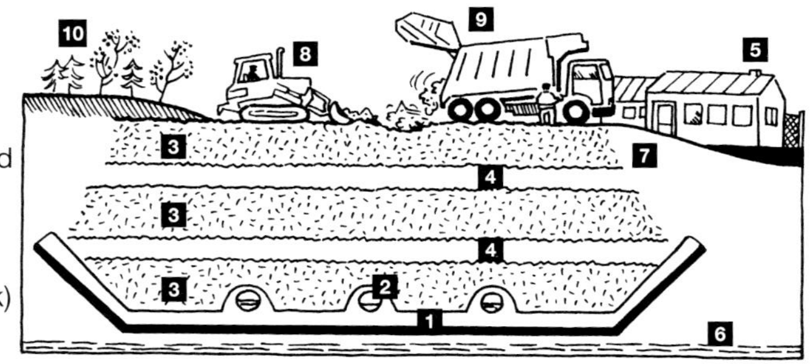

Seite 31

1)

- ⊗ Verzicht auf eine aufwendige Verpackung von Gegenständen
- ⊗ Abgabe von Batterien im Sammelcontainer
- ○ Verwenden von Plastiktüten beim Einkauf
- ○ Kauf von Getränken in Dosen
- ○ Zigarettenstummel in der Toilette entsorgen
- ⊗ Abstellen des Motors vor einer geschlossenen Bahnschranke
- ○ Mountainbikefahren im Wald, um niemanden zu stören
- ○ Lautes Hören von Musik
- ⊗ Benutzen von Pfandflaschen
- ⊗ Regelmäßiges Überprüfen der Heizungsanlage
- ○ Entsorgen von gebrauchten Taschentüchern in der Biotonne
- ⊗ Getrennte Entsorgung von Flaschen im Glasmüllcontainer
- ○ Entsorgung eines Holztisches im Wald
- ⊗ Verwendung von wenig Toilettenpapier
- ○ Lärm ist unschädlich
- ⊗ Benutzung der Spülstopptaste
- ○ Altes Kochfett in der Toilette entsorgen
- ○ Verwenden von Streusalz im Winter
- ⊗ Einbau von Filteranlagen in Fabriken
- ○ Baden statt Duschen
- ⊗ Benutzen öffentlicher Verkehrsmittel

2) wiederverwendbare Stoffbeutel oder Taschen zum Einkaufen verwenden, Getränke in Pfandflaschen kaufen, Zigarettenstummel im Hausmüll entsorgen, Mountainbike nur auf ausgewiesenen Strecken fahren, Musik in Zimmerlautstärke hören, Taschentücher im Hausmüll entsorgen, Holzmöbel bei der Sperrmüllsammlung entsorgen, Lärm vermeiden und sich bei Lärm schützen, altes Fett im Hausmüll entsorgen, Sand, Granulat, Holzspäne oder Holzasche zum Streuen benutzen, duschen statt baden

Seite 32

1)
1. Esssucht
2. Spielsucht
3. Mediensucht
4. Arbeitssucht
5. Kaufsucht

2b)

Legale Drogen	**Illegale Drogen**
Alkohol	Cannabis
Nikotin	LSD
Koffein	Amphetamine
Medikamente	Designerdrogen
Schnüffelstoffe	Kokain/Crack
	Heroin

Seite 34

2)

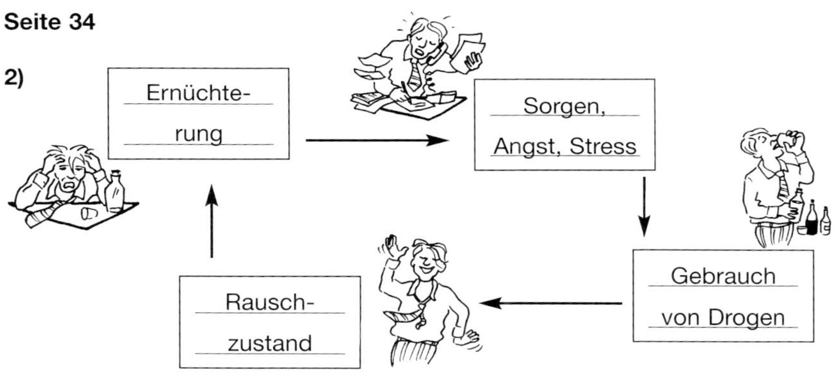

Seite 35

Erstkontakt:	Das hat mir supergut gefallen!
Wiederholungszwang:	Das möchte ich unbedingt noch einmal erleben!
Kontrollverlust:	Das will ich jetzt immer haben!
Dosissteigerung:	Ich muss bei jedem Mal mehr davon haben!
Interessenabsorption:	Ich denke nur noch an das schöne Erlebnis. Alles andere ist mir egal.
Abstinenzunfähigkeit:	Ich kann einfach nicht damit aussetzen!
Gesellschaftlicher Abstieg:	Jetzt haben sie mir die Arbeit gekündigt.

Seite 37

1)

1. Ordnungen	gelten bei Spielen.	Hausordnung
	gelten für eine Gruppe.	Fußball
2. Regeln	gelten für die Mitspieler eines Spieles.	Grundrechte
	gelten für alle.	Memory
3. Gesetze	werden vom Staat beschlossen.	Schulordnung
	werden z. T. nur von wenigen aufgestellt.	Jugendschutz

Seite 38

1)
a) abstimmen, alle bestimmen, miteinander reden, gleiches Recht für alle
b) unterdrücken, einer bestimmt, Meinungen werden unterdrückt, Zwang

Seite 39

1)
1. Jugendhilfe: Maßnahmen zur sozialen Förderung von Kindern und Jugendlichen, werden von Jugendämtern sowie Verbänden und nicht staatlichen Organisationen erbracht, dazu gehören diverse Hilfen und Einrichtungen wie z. B. Jugendarbeit, Förderung der Erziehung in der Familie, Hilfe bei Trennung, Erziehungsberatung und Erziehung im Heim

2. Jugendschutzgesetz: gesetzliche Sondervorschriften zum Schutz der Kinder und Jugendlichen vor gesundheitlichen und sittlichen Gefahren, z. B. Gesetz zum Schutz der Jugend in der Öffentlichkeit

3. Jugendarbeitsschutzgesetz: Gesetz zum Schutz der arbeitenden Jugend, z. B. Regelung von Arbeitszeit und Ruhepausen

4. Jugendstrafrecht: Straf- und Strafprozessrecht, weicht vom allgemeinen Strafrecht ab, da die kindliche Entwicklung bei Strafmaßnahmen für bestimmte Vergehen berücksichtigt wird, Strafmaßnahmen sind z. B. Erziehungsmaßregeln

2) Ja, das Geschäft gilt (siehe § 104 und § 110).

Seite 41

Erziehungsmaßregeln: Maßregeln (§ 7), Weisungen (§ 10), Hilfen zur Erziehung (§ 12)
Zuchtmittel: Verwarnung (§ 14), Auflagen (§ 15), Jugendarrest (§ 16), Jugendstrafe (§ 18)

Seite 42

1)
Unmittelbares Wahlrecht
Die Wähler bestimmen ihre Abgeordneten direkt. Es werden keine Wahlmänner gewählt, die dann die Abgeordneten wählen.

Allgemeines Wahlrecht
Gleichgültig ob Mann oder Frau, ob reich oder besitzlos, ob gebildet oder nicht, ob evangelisch oder katholisch oder muslimisch oder einer anderen Religionsgemeinschaft zugehörig: Wer das Alter von achtzehn Jahren erreicht hat, die deutsche Staatsbürgerschaft innehat, in Deutschland seinen Wohnsitz hat und im Besitz der geistigen Kräfte ist, hat das Recht, an einer Wahl teilzunehmen.

Freies Wahlrecht
Niemand darf gezwungen werden, zu wählen oder bei der Wahl unter Druck gesetzt werden. Auch eine absichtlich ungültige Stimmabgabe oder überlegte Nicht-Wahl sind Zeichen einer politischen Haltung.

Geheimes Wahlrecht
Jeder hat das Recht, seine Wahlentscheidung unbeobachtet und unabhängig zu treffen.

Gleiches Wahlrecht
Jede Wählerstimme hat das gleiche Gewicht. Die Stimme eines Millionärs ist genauso viel wert wie die Stimme eines Arbeitslosengeld-II-Empfängers, die Stimme eines Mannes ist genauso viel wert wie die Stimme einer Frau usw.

3) Jemand könnte seiner Wahl wegen ausgelacht, angefeindet, benachteiligt oder verfolgt werden.

Seite 43

1. Bei den Steinzeitmenschen wird der kräftigste und geschickteste Jäger zum **Anführer**. Eine Wahl ist nicht nötig.
2. Die Germanen wählen beim Thing (Versammlung) ihren König. Jeder Mann hat eine **Stimme**.
3. Karl der Große wird **König**, weil sein Vater König war. Eine Wahl gibt es nicht.
4. Im Wahllokal in Deutschland wählt man einen **Vertreter**, der die politischen Entscheidungen trifft.
5. In den Schweizer Urkantonen kann jeder bei politischen **Entscheidungen** mitwirken.

Seite 46

Bundestagswahl
In den Bundestag werden die **Bundestagsabgeordneten** gewählt. Sie wählen den **Bundeskanzler,** der die Politik bestimmt, und den **Bundespräsidenten**, der Deutschland nach außen vertritt. Der Bundeskanzler und seine Bundesminister werden von den Bundestagsabgeordneten kontrolliert.

Landtagswahl
Bei der Landtagswahl werden die **Landtagsabgeordneten**, die ein Bundesland regieren, gewählt. An der Spitze der Landesregierung steht der **Ministerpräsident**. Er und seine Minister werden von den Landtagsabgeordneten kontrolliert.

Kreistagswahl
Hier werden die **Kreistagsabgeordneten** gewählt. An der Spitze des Kreises steht der **Landrat**. Er wird von den Kreistagsabgeordneten kontrolliert.

Kommunalwahl
Gewählt werden die Gemeindevertreter oder die Stadtverordneten. Sie bilden das Gemeinde- oder **Stadtparlament**. An der Spitze der Stadt oder Gemeinde steht der **Bürgermeister**, dem der Magistrat zur Seite steht. Die Stadtverordneten oder Gemeindevertreter kontrollieren den Bürgermeister.